Templin
Eberswalde
Niederfinow
Schorfheide
Bernau
Bad
Freienwalde
Strausberg
Schöneiche
Rüdersdorf
Berlin
Woltersdorf
Erkner
Fürstenwalde
Storkow
Bad Saarow
W0397619

Steffi Bieber-Geske

Schatzsuche in Berlin und Brandenburg

Lilly, Nikolas und das Geheimnis des Weltreisenden

Illustrationen von Sabrina Pohle

Biber & Butzemann

MIX
Paper from responsible sources
FSC® C126307
www.fsc.org

Klimaneutral
Druckprodukt
ClimatePartner.com/14701-2006-1001

Besuchen Sie uns im Internet auf www.biber-butzemann.de

Hinweis: Ausstellungen in Museen wechseln und auch bei anderen Sehenswürdigkeiten gibt es regelmäßig Veränderungen, darum sind alle Angaben ohne Gewähr.

Für alle, die Berlin und Brandenburg lieben und gern neue Seiten der Region entdecken.
SBG

© Kinderbuchverlag Biber & Butzemann
Geschwister-Scholl-Str. 7
15566 Schöneiche

2. Auflage, 2021

Alle Rechte vorbehalten. Die vollständige oder auszugsweise Speicherung, Vervielfältigung oder Übertragung dieses Werkes, ob elektronisch, mechanisch, durch Fotokopie oder Aufzeichnung, ist ohne vorherige Genehmigung des Verlags urheberrechtlich untersagt.

Bibliografische Information der Deutschen Bibliothek
Die Deutsche Bibliothek verzeichnet diese Publikation in der Deutschen Nationalbibliografie; detaillierte bibliografische Daten sind im Internet unter http://dnb.ddb.de abrufbar.

Text: Steffi Bieber-Geske
Potsdam-Kapitel: Carola Jürchott
Schiffshebewerk-Kapitel: Martina Bieber
Illustrationen: Sabrina Pohle
Layout und Satz: Mike Hopf
Lektorat: Britta Schmidt von Groeling
Lektoratsassistenz: Kati Bieber, Martina Bieber, Lisa-Marie Henle, Zoann May (Text S. 83/84), Michelle Stark
Korrektorat: Peggy Büttner (1. Auflage), Carola Jürchott (2. Auflage)
Druck- und Bindearbeiten: Poligrafia Janusz Nowak sp. z o.o.
ISBN: 978-3-95916-077-3

INHALT

1.

EIN GEHEIMNISVOLLER FUND

„Omi, Opi!", rief Lilly glücklich und genoss die Begrüßungsumarmung ihrer Großeltern. Auch Nikolas strahlte. Eigentlich wohnten Oma und Opa ganz in der Nähe, und die Kinder besuchten sie oft. Aber in den vergangenen drei Wochen waren die Großeltern verreist gewesen, darum war das letzte Treffen eine Weile her. Dafür durften Lilly und Nikolas heute sogar bei den Großeltern übernachten. Es war Sonntag, und morgen würden die Herbstferien beginnen!

Nach dem Mittagessen machten es sich alle auf dem großen Sofa im Wohnzimmer gemütlich. Die Großeltern erzählten von ihrer Italien-Reise und zeigten den Kindern ein paar Fotos. Lilly staunte über die Kanäle in Venedig und die vielen Tauben auf dem Markusplatz. Nikolas bewunderte die prächtigen alten Häuser in Florenz und den Schiefen Turm von Pisa, der tatsächlich aussah, als würde er gleich umkippen.

„Habt ihr uns was mitgebracht?“, fragte Nikolas neugierig.
„Aber natürlich, mein Schatz“, sagte Oma lachend. „Am liebsten hätten wir euch ja bergeweise italienisches Eis mitgebracht. Das war nämlich wirklich unglaublich lecker. Aber das geht ja nicht. Also haben wir uns für das hier entschieden.“ Unter dem Couchtisch zauberte Oma zwei wunderschöne Schneekugeln hervor und gab jedem Kind eine. Inmitten des Schneegestöbers stand in Lillys Kugel der Dom von Florenz, in Nikolas’ Kugel der Schiefe Turm von Pisa.
„Oh, wie schön!“, rief Lilly und umarmte Oma. „Vielen, vielen Dank.“ Auch Nikolas freute sich sehr.
Die Kinder sahen den Schneeflocken zu, wie sie um den Schiefen Turm kreiselten und den Dom in winterliches Weiß hüllten.
Beim Uno am runden Wohnzimmertisch siegte wieder mal Oma. Opa warf lachend die Karten auf den Tisch und schüttelte den Kopf: „Du schummelst doch! Ich habe nur noch nicht rausgefunden, wie du es machst!“ Er zwinkerte seiner Frau zu.
Oma lächelte verschmitzt und sagte dann unschuldig „Gar nicht wahr!“.
Lilly und Nikolas sahen einander grinsend an. Das kannten sie schon, das ging jetzt ewig so weiter. Vorsichtig erkundigte sich Nikolas: „Opa, dürfen wir ein bisschen auf dem Dachboden spielen?“
„Klar. Wir rufen euch dann, wenn’s Kakao und Kuchen gibt“, sagte Opa.

Der Dachboden war für Lilly und Nikolas ein magischer Ort. Hier gab es Kisten mit alten Fotos, die Oma und Opa als junges Ehepaar zeigten, und welche von Mama und Tante Katharina als Babys und als kleine Mädchen mit Zöpfen. In einer Ecke stand ein alter Plattenspieler. Opa hatte ihnen gezeigt, wie man vorsichtig die Schallplatten auflegte und den Hebel am Rand der Platten aufsetzte.

Lilly liebte die Truhen mit alten Kleidern und Faschingskostümen. Auch wenn ihr die meisten viel zu groß waren, verkleidete sie sich gern als Prinzessin oder Piratin. Es gab auch Kisten mit alten Spielsachen, Kuscheltieren und Büchern, in denen die Kinder immer wieder gern stöberten. Heute hatte Nikolas einen alten Metallbaukasten entdeckt, während Lilly in einer Bücherkiste kramte. „Schau mal, ‚Hirsch Heinrich‘ und ‚Antonella und ihr Weihnachtsmann‘!“, rief sie. „Die haben wir auch zu Hause. Offenbar hat Mama die schon als Kind gelesen.“

Nun wurde auch Nikolas neugierig und nahm ein paar Bücher aus der Kiste. „Was ist das denn?“, fragte er plötzlich überrascht. Zwischen zwei Büchern war ein Brief hervorgerutscht. „Hier steht: ‚Für Lilly und Nikolas‘.“

Gespannt beobachtete Lilly, wie Nikolas den Briefumschlag aufriss und zwei eng beschriebene Seiten herausnahm. Nikolas sah Lilly fragend an, aber diese zuckte nur verwundert mit den Schultern. Die Handschrift gehörte weder ihren Eltern noch den Großeltern.

„Lies vor!", forderte sie ihren älteren Bruder auf, der Handschriften besser entziffern konnte als sie. Nikolas begann zu lesen:

Liebe Lilly, lieber Nikolas,
ihr kennt mich nicht, aber ich habe gehört, dass ihr sehr kluge Kinder seid, die Abenteuer und die Natur mögen und gern reisen – so wie ich früher. Daher glaube ich, dass ihr die Richtigen seid.

„Die Richtigen? Was meint er damit?", rief Lilly aufgeregt.
„Wenn du still sein würdest, könnte ich weiterlesen, und wir würden es vielleicht erfahren", murrte Nikolas. Sofort war Lilly mucksmäuschenstill und sah ihren Bruder aufmerksam an.

Es ist an der Zeit, mein Geheimnis weiterzugeben. Ihr müsst wissen, ich bin Berliner – so wie ihr – und habe die ganze Welt bereist. Ich habe die schönsten Landschaften entdeckt, die interessantesten Menschen kennengelernt und die wunderbarsten Pflanzen und Tiere gesehen. Dabei habe ich einen großen Schatz gefunden. Nun möchte ich, dass ihr ihn bekommt. Doch ich muss wissen, ob ihr seiner würdig seid.
Auch ihr müsst euch auf eine Reise begeben – aber keine Sorge, die Wege sind nicht weit. Löst die Rätsel, die ihr an jedem der Orte auf eurer Reise findet, und ihr werdet auch den Schatz finden. Verliert keine Zeit und begebt euch schnellstmöglich zum Ausgangspunkt meiner und eurer Reise: Mitten in Berlin liegt ein Tor. Im Schatten der vier Pferde werdet ihr den nächsten Hinweis finden. Viel Glück!
A.

Lilly und Nikolas sahen einander ratlos an. Wer konnte dieser geheimnisvolle A. sein? Was war das für ein Schatz, und wie sollten sie ihn finden?
„Oma und Opa!“, sagte Nikolas, schnappte sich den Brief und stand auf. „Sie werden wissen, was zu tun ist.“ Lilly folgte ihrem Bruder eilig die Treppe hinunter.

„Na, das ging ja schnell heute“, schmunzelte Oma, die wusste, wie gern die Kinder auf dem Dachboden spielten. Sie und Opa saßen gemütlich auf dem Sofa, Opa blätterte in einer Zeitung, Oma hatte ein aufgeschlagenes Buch vor sich.
„Wir brauchen eure Hilfe!“, erklärte Nikolas und gab Oma den Brief. Opa packte seine Zeitung beiseite und las ihn gemeinsam mit Oma.
„Ich habe keine Ahnung, von wem der ist“, sagte Oma, als sie zu Ende gelesen hatte.
„Ich auch nicht“, erklärte Opa ratlos. „Aber ich denke, wir können euch sagen, wo ihr mit der Suche beginnen müsst.“
Doch auch Nikolas hatte inzwischen eine Idee: „Vielleicht am *Brandenburger Tor*? Das liegt doch mitten in Berlin, oder?“
Oma nickte. „Ja, und obendrauf steht eine Skulptur von der Siegesgöttin Viktoria mit vier Pferden.“
„Vielleicht solltet ihr morgen mal mit euren Eltern hinfahren und schauen, ob ihr dort einen Hinweis des geheimnisvollen Weltreisenden findet“, schlug Opa vor.

2.

MITTEN IN BERLIN

So gern Lilly und Nikolas auch bei Oma und Opa waren – diesmal konnten sie es kaum erwarten, dass Mama und Papa kämen, um sie abzuholen. Sie mussten zum *Brandenburger Tor*, um den nächsten Hinweis zu suchen, und zwar schnell!

Beim gemeinsamen Frühstück erzählten Lilly und Nikolas den Eltern von ihrem unglaublichen Dachbodenfund. Glücklicherweise hatten Mama und Papa nichts dagegen, an diesem Tag zum *Brandenburger Tor* zu fahren. Das Wetter war schön, sie hatten nichts weiter vor und konnten am nächsten Morgen ausschlafen, denn sie hatten ein paar Tage Urlaub.

„Außerdem waren wir schon ewig nicht mehr zusammen in der Innenstadt, zuletzt beim ‚Festival of Lights', vor zwei, drei Jahren, oder?", überlegte Papa.

Da die Familie bei jeder Gelegenheit in den Urlaub fuhr und Deutschland entdeckte, machten sie außerhalb der Ferien nicht so viele Ausflüge, sondern blieben meist zu Hause am Müggelsee.

„Ruft uns heute Abend an und erzählt uns, ob ihr was gefunden habt", bat Opa zum Abschied.

„Ganz bestimmt", versprach Nikolas.

Wenig später saßen sie in der S-Bahn Richtung Innenstadt. Papa nutzte die Fahrt, um ihnen ein wenig über die Geschichte Berlins zu erzählen. „Die Stadt wurde vor knapp 800 Jahren gegründet, aber Siedlungen gab es hier bereits vorher. Berlin war schon im Mittelalter eine wichtige Handelsstadt und ist seit 1701 Hauptstadt – zunächst von Preußen, später dann von

ganz Deutschland. Heute ist Berlin die größte Stadt Deutschlands und die drittgrößte Europas. Fast vier Millionen Menschen leben hier."
„Das hab ich schon mal in der Schule gehört", erinnerte sich Nikolas.
„Ich noch nicht", erklärte Lilly.

Immer mehr Leute stiegen ein, und als die Familie die S-Bahn am *Alexanderplatz* verließ, waren sie mittendrin im Getümmel. Unzählige Menschen eilten von hier nach dort und von dort nach hier. Lilly ließ Mamas Hand nicht eine Sekunde los, aus Angst, verloren zu gehen, und Nikolas hakte sich sicherheitshalber bei Papa ein. Bei ihnen am Stadtrand gab es so ein Gedränge nicht.

Es ging ein paar Treppen hinab, dann hatten sie einen Ausgang gefunden – und standen direkt vor dem berühmten *Fernsehturm*. Der schlanke Turm mit der runden Kuppel kurz unter der Spitze reichte bis fast in den Himmel hinauf, fand Lilly.
„Riesig, oder?", fragte Mama. „Der *Fernsehturm* ist über 350 Meter hoch und damit das höchste Gebäude in ganz Deutschland. Dabei ist er schon über 50 Jahre alt."
Immer wieder blickten Lilly und Nikolas nach oben, während sie zur Bushaltestelle hinüberliefen. Dort mussten sie ein paar Minuten warten, bis der Doppeldecker-Bus mit der Nummer 100 direkt vor ihnen hielt. Mama und Papa zeigten dem Busfahrer ihre Tickets, dann gingen sie nach hinten durch und setzten sich hin. „Wir fahren nicht weit, darum lohnt es sich nicht, nach oben zu gehen", erklärte Papa. „Mit dieser Buslinie kann man eine sehr preiswerte Stadtrundfahrt machen, er fährt an fast allen wichtigen Sehenswürdigkeiten im Stadtzentrum vorbei."

Fasziniert blickten Lilly und Nikolas aus dem Fenster, während der Bus durch Berlin-Mitte fuhr, vorbei an wunderschönen alten Gebäuden wie dem *Berliner Dom*, dem *Alten Museum* oder der *Humboldt-Universität*.

An der Ecke Unter den Linden/Friedrichstraße stiegen sie aus und gingen den berühmten Prachtboulevard entlang bis zum *Brandenburger Tor*. „Diese Straße gibt es schon seit dem 16. Jahrhundert. Sie verband einst das *Berliner Stadtschloss* mit dem *Tiergarten*", berichtete Mama.
Dann lag das Brandenburger Tor vor ihnen. Das Bauwerk, das an einen alten griechischen Tempel erinnerte, war wirklich beeindruckend. Sechs riesige Säulen wurden von einem prunkvollen Dach gekrönt. Links und rechts standen die Torhäuser, die etwas kleiner waren als das Tor selbst.
Lilly und Nikolas betrachteten nun die große Skulptur auf dem Dach etwas näher und erkannten eine von vier Pferden gezogene Kutsche, in der eine Art Engel stand. „Das ist die geflügelte Siegesgöttin Viktoria mit ihrem Streitwagen. Man nennt diese Skulptur ‚Quadriga'", erklärte Mama.
„Dann sind wir jetzt also ‚im Schatten der vier Pferde'", zitierte Nikolas, der den Brief ordentlich zusammengefaltet in der Hosentasche trug.
„Kommt, ich mach erst mal ein Foto", sagte Papa. „Stellt euch mal dorthin neben Mama."
Aber Lilly und Nikolas waren viel zu aufgeregt, um lange stillzustehen. Sobald Papa einmal auf den Auslöser gedrückt hatte, rannten sie auf das Tor zu, um sich umzusehen. An den Innenseiten der Säulen entdeckten sie einige Reliefs. „Sie zeigen die Taten des griechischen Sagenhelden Herkules", erklärte Papa.
Rechts neben ihnen war ein Zettel an der Wand befestigt. Lilly entdeckte ihn zuerst. „Seht mal!", rief sie. „Ob der für uns ist?"

Nikolas schnappte sich den Zettel, faltete ihn vorsichtig auseinander und las vor:

Liebe Lilly, lieber Nikolas,
herzlichen Glückwunsch, ihr habt das erste Rätsel gelöst.
Im 18. Jahrhundert war das Brandenburger Tor das Stadttor an der Straße nach Brandenburg an der Havel. Es war Teil der Zollmauer um Berlin. Wer Waren nach Berlin brachte, musste hier Steuern bezahlen.
Damals durften durch den breiten Mittelgang nur die königlichen und kaiserlichen Kutschen fahren. Die Zollmauer wurde vor gut 160 Jahren abgerissen – und mit ihr fast alle Stadttore. Nur das Brandenburger Tor ist noch übrig.
Gebaut wurde es übrigens aus Elbsandstein. Doch wisst ihr, wo die Steine für das Fundament des Tores herkommen? Dort werdet ihr den nächsten Hinweis finden. Sucht nach den Zeugnissen der ältesten Vergangenheit.
A.

Einen Moment lang war es still. „Steine kommen aus einem Steinbruch", überlegte Nikolas. „Aber aus welchem kommen diese hier?"
„Ich glaube, es ist erlaubt, das Internet dazu zu befragen", meinte Papa.
„Das ist gar nicht nötig, denn ich weiß es!", rief Mama fröhlich. „Ich habe mal gelesen, dass die Steine für das Fundament des *Brandenburger Tores*, aber auch für das *Olympiastadion* und *Schloss Sanssouci* in Potsdam aus Rüdersdorf kommen. Und der Zement für den Bau der *Staatsoper* und des *Berliner Doms* auch."
„Aber Rüdersdorf ist ja gleich bei uns um die Ecke!", freute sich Lilly.

„Dann fahren wir morgen wohl in den *Museumspark Rüdersdorf*, oder?", sagte Papa grinsend.

Der Rest der Familie nickte.

„Aber da wir jetzt schon mal hier mitten in Berlin sind, können wir uns eigentlich auch noch ein bisschen mehr anschauen. Wie wäre es, wenn wir die Stadtrundfahrt mit dem 100er-Bus fortsetzen?"

„Oh ja!", riefen die Kinder. Eine Stadtrundfahrt in ihrer eigenen Heimatstadt hatten sie noch nie gemacht.

„Wir dachten immer, das wäre zu langweilig für euch, aber ich schätze, inzwischen seid ihr alt genug, um eine Weile im Bus stillzusitzen und euch ein paar interessante Gebäude anzusehen", schlug Papa vor.

3.

VON SCHLÖSSERN UND PARLAMENTEN

Gemütlich schlenderten sie zur nächsten Bushaltestelle. „Ist das das *Berliner Schloss*?“, fragte Nikolas. Er zeigte auf ein großes Gebäude mit einem beeindruckenden Eingangsportal, Türmen links und rechts und einer Glaskuppel mitten auf dem Dach.

„Nein, das *Stadtschloss* steht am anderen Ende der Straße Unter den Linden, gegenüber vom *Berliner Dom* und dem *Lustgarten*“, erklärte Mama. „Es wurde im Zweiten Weltkrieg stark beschädigt und dann abgerissen. An der Stelle wurde dann der *Palast der Republik* gebaut.“

„Was ist das denn?“, fragte Lilly.

„Dort hatte die Volkskammer der DDR ihren Sitz. Als Parlament dieses Staates hat sie zum Beispiel über Gesetze entschieden. Außerdem fanden im *Palast der Republik* viele Kulturveranstaltungen statt. Doch beim Bau wurden krebserregende Materialien verwendet. Darum wurde das Gebäude 2008 abgerissen. Danach wurde das *Stadtschloss* wieder aufgebaut.“

„Und was ist das Gebäude vor uns nun, wenn es nicht das Schloss ist?“, wollte Nikolas wissen.

„Das ist der *Reichstag*. Hier werden heute die Gesetze für Deutschland gemacht. Dazu treffen die Politiker im Parlament, dem sogenannten Bundestag, zusammen, diskutieren und entscheiden über neue Gesetzesentwürfe.“

Nikolas nickte, auch das hatte er schon mal gehört, aber dummerweise wieder vergessen, wie der *Reichstag* aussah.

„Wie werden eigentlich die Gesetze gemacht?“, erkundigte sich Lilly.

„Das ist eine gute Frage", meinte Papa. „Allerdings ist sie, wie das bei guten Fragen öfter mal der Fall ist, nicht ganz einfach zu beantworten."

„Von wegen!", ließ sich nun Nikolas vernehmen, der intensiv auf seinem Smartphone herumgewischt hatte. „Schaut mal: Auf der Webseite des Bundestages kann man sich kostenlos Comics herunterladen: über den Reichstag, darüber, wie der Bundestag gewählt wird, und auch darüber, wie ein Gesetz entsteht. Stundenpläne und Malbögen gibt es da auch."

„Oh, super!", freute sich Lilly. „Das können wir uns ja zu Hause dann in Ruhe ansehen."

Nachdem sie auch hier ein paar Fotos gemacht hatten, stieg die Familie wieder in den 100er-Bus. Weil sie diesmal etwas länger mitfahren wollten, kletterten sie nach oben. Dort war es leerer, und als nach einer Station ein paar Leute ausstiegen, ergatterten Lilly und Nikolas sogar die Plätze ganz vorn. Hier saßen sie direkt über dem Kopf des Busfahrers und hatten den besten Überblick.

Mama und Papa nahmen hinter ihnen Platz. So konnten sie den Kindern erklären, an welchen berühmten Orten sie vorbeifuhren: am *Tiergarten*,

am *Haus der Kulturen der Welt*, dem die Berliner den lustigen Namen „Schwangere Auster“ gegeben hatten, und am *Schloss Bellevue*, in dem meist der Bundespräsident lebt.

„Ob er wirklich gerade da ist, seht ihr an der Fahne auf dem Dach“, erklärte Mama. „Sie weht nur dann, wenn der Bundespräsident hier ist.“

„Da würde ich auch gern wohnen“, erklärte Lilly. „Na, vielleicht werde ich ja mal Bundespräsidentin.“

„Das hier in der Mitte ist die *Siegessäule*“, sagte Papa, als sie um einen riesigen Kreisverkehr namens „Großer Stern“ fuhren.

„Das Denkmal soll an drei Kriege im 19. Jahrhundert erinnern. Das müsst ihr euch mal vorstellen, in nur sieben Jahren haben die damals drei Kriege geführt!“

„Dann hätte ich jetzt schon dreimal Krieg erlebt“, rief Lilly erstaunt.

„Ja, genau. Allerdings wurden die Kriege damals auf Schlachtfeldern geführt, außerhalb der Städte. Trotzdem haben die Menschen oft wenig zu essen gehabt, weil die Verpflegung für die Soldaten gebraucht wurde und die Felder nicht immer bestellt werden konnten. Außerdem mussten manchmal auch die Bauern mitkämpfen – und konnten dann keine Lebensmittel anbauen. Jedenfalls gewannen die Preußen in diesen sieben Jahren gegen Dänemark, Österreich und Frankreich. Oben auf der Spitze steht eine Skulptur der Siegesgöttin Viktoria, die kennt ihr ja schon vom *Brandenburger Tor*. Von den Berlinern wird diese Figur hier auch ‚Goldelse‘ genannt.“

An der *Gedächtniskirche* endete ihre Fahrt. Die Kirche war im Zweiten Weltkrieg ebenfalls stark beschädigt worden, aber anstatt sie abzureißen, hatte man den kaputten Hauptturm – der von den Berlinern auch „Hohler Zahn“ genannt wurde – als Mahnmal gegen den Krieg stehen lassen. Drei moderne Gebäude, deren Fassaden aus blauem Mosaik-Glas bestanden, waren daneben gebaut worden. „Keine der Glaskacheln gleicht der anderen. Es sind über 20.000“, berichtete Mama.

„Ich glaub, ich hab für heute genug schöne Gebäude gesehen. Können wir langsam nach Hause fahren?“, fragte Lilly ein bisschen müde.

„Aber natürlich, mein Schatz“, sagte Mama. „Dort drüben ist der Bahnhof Zoologischer Garten, da holen wir ein paar Brezeln und steigen dann in die S-Bahn.“

Auf dem Heimweg fiel Nikolas etwas Wichtiges ein: „Wir dürfen nicht vergessen, Oma und Opa anzurufen!“

„Na, da habt ihr ja heute einiges zu erzählen“, sagte Papa lächelnd.

„Und ob! Von der Schwangeren Auster, der Goldelse und dem Hohlen Zahn und dass wird das erste Rätsel gelöst haben!“, jubelte Lilly.

4.

DIE KATHEDRALE DES KALKS

Eigentlich begannen sie freie Tage gern gemütlich mit ein paar Büchern und einem Frühstück in Mamas und Papas Bett, aber an diesem Morgen waren Lilly und Nikolas schon gewaschen und angezogen, noch bevor ihre Eltern ein Auge aufgemacht hatten. „Los, ihr Schlafmützen!“, rief Nikolas übermütig und zog Papa die Bettdecke weg.

Dieser brummte nur etwas Unverständliches und kroch unter Mamas Decke. „Ich fürchte, gegen diese putzmunteren Kinder haben wir keine Chance“, murmelte Mama. „Lass uns aufstehen.“

Eine knappe Stunde später waren alle bereit zum Losfahren. Bis zum *Museumspark Rüdersdorf* war es nur ein Katzensprung. Den kurzen Weg vom Parkplatz bis zum Eingangshäuschen rannten Lilly und Nikolas beinahe. Während Mama und Papa die Eintrittskarten kauften, bewunderten die Kinder die Fossilien, die in Glaskästen ausgestellt waren.

„Ich hoffe, so eine schöne versteinerte Muschel finden wir nachher auch“, meinte Papa, der nun, mit den Tickets wedelnd, hinter den Kindern stand.

„Wo sollen wir denn so was finden?“, fragte Nikolas skeptisch.

„Wir haben für heute Nachmittag eine geologische Führung gebucht. Da fahren wir direkt in den Steinbruch und können nach Fossilien suchen“, erklärte Mama.

„Echt? Das ist ja toll!“, rief Nikolas strahlend, und auch Lilly hüpfte freudig.

„Aber jetzt sehen wir uns erst mal an, wo früher der Kalkstein aus dem Tagebau gebrannt wurde. Hier im Park findet man technische Anlagen aus vier Jahrhunderten“, sagte Papa.

„Aber wir müssen überall nach dem nächsten Hinweis suchen", mahnte Nikolas. Der Rest der Familie nickte zustimmend.

Zügig wanderten sie den Kopfsteinpflasterweg entlang. Die Sonne glitzerte auf dem Kanal links neben ihnen, der vor vielen Jahren für den Transport der Kalksteine angelegt worden war. Die Bäume leuchteten in den schönsten Herbstfarben. Um sie herum gab es unglaublich viel zu entdecken: alte Gebäude, große Steine, einen geheimnisvollen Tunnel, an dessen Ende sich nun die Vereinsräume des Bergbauvereins befanden.

Es gab sogar einen germanischen Kalkofen, der vor mehr als 2.000 Jahren zuletzt benutzt worden war. „Das ist doch bestimmt das älteste Ausstellungsstück hier", vermutete Nikolas und hielt nach einem Zettel Ausschau. Doch er suchte vergeblich.

Wenig später kamen sie an einem Streichelzoo, an Kränen, Baggern, Walzen und sogar an den Überresten einer alten Seilbahn vorbei.

Kurz vor dem Ende des Geländes tauchten links neben ihnen hinter Bäumen drei große Schornsteine auf. „Hier kann unsere Entdeckungstour beginnen", verkündete Papa, der einen Plan in der Hand hielt.

Sie bogen links ab, blieben aber nach ein paar Schritten überrascht stehen: Vor ihnen lag ein riesiges Fabrikgebäude. Nikolas zählte 18 Schornsteine. Dahinter waren in einiger Entfernung weitere gigantische Hallen und Bauwerke zu sehen, die jedoch halb verfallen schienen.

Langsam liefen sie über eine Art Brücke mit Schienen zwischen den Schornsteinen hindurch. Sie befanden sich auf dem Dach der gut erhaltenen *Schachtofenbatterie*, wie der Plan verriet. „Das Gebäude ist rund 150 Jahre alt", erklärte Mama, die dank der Infotafeln bestens Bescheid wusste. „Die Kalksteine aus dem Tagebau und die Steinkohle wurden in Schichten abwechselnd in die Öffnungen hier oben geschüttet. Dadurch konnte in der gleichen Zeit tausend Mal so viel Kalk gebrannt werden wie vorher. Und weil das hier der erste Schachtofen weltweit war, werden Schachtöfen von Fachleuten auch ‚Rüdersdorfer Öfen' genannt. Aber vor gut fünfzig Jahren wurde die Fabrik stillgelegt und am anderen Ende des Tagebaus eine neue gebaut, die es heute noch gibt."

Als sie das Ende des Gebäudes erreicht hatten, entdeckten sie eine Treppe, die nach unten führte. In der ersten Etage stand eine Tür offen. Links und rechts lagen offenbar zwei der Öfen, die zu den Schornsteinen oben gehört hatten. „Von hier aus konnte man die Schachtöfen zusätzlich befeuern, wenn man es etwas heißer brauchte", erzählte Mama. „Man nennt dieses Gebäude auch die ‚Kathedrale des Kalks'."

Lilly und Nikolas konnten sich gut vorstellen, warum: Über dem langen Gang vor ihnen wölbte sich ein hübsches Glasdach, durch das Sonnenlicht hineinfiel. Rechts und links des Gangs lagen zahlreiche kleine Kammern, die zu den anderen Öfen führten.

Nun folgten sie der Treppe weiter nach unten bis zu ihrem Ende. Hier führten Schienen von draußen direkt zu den Öfen. „Nach dem Brennen wurde der Kalk mit langen Stangen aus dem Ofen herausgezogen", sagte Mama. „Dann wurde der Kalk sofort in Waggons geladen und über diese Schienen abtransportiert. Auch das war ein großer Fortschritt im Vergleich zu früheren Öfen, aber für die Männer, die hier gearbeitet haben, sicher trotzdem sehr anstrengend."

Lilly und Nikolas nickten. „Damals war es bestimmt auch viel dreckiger hier", sagte Nikolas.

„Und heiß!", ergänzte Lilly.

Auf dem Weg zurück in den vorderen Teil des Parks rannten die Kinder voraus, denn sie konnten es nicht erwarten, die *Umlenkstation* der alten Seilbahn zu erkunden. Schon bald hatten sie die Treppe erreicht und kletterten nach oben. Über ihren Köpfen befanden sich eine rostige Stahlkonstruktion, und es gab viele große Metallräder. Weiter vorn hing ein großer Korb aus Metall. „Ich denke, damit wurden die Steine zum Brennen und vielleicht auch anschließend zum Wasser gebracht, um von dort aus per Schiff nach Berlin transportiert zu werden", vermutete Papa, der mittlerweile hinter ihnen aufgetaucht war.

Nachdem sie eine frühere Eisenbahnbrücke, alte Baufahrzeuge und den Streichelzoo erkundet hatten, genossen sie ein leckeres Mittagessen auf der Terrasse des Cafés „Zum Bergmann". Irgendwann legte Nikolas sein Besteck beiseite und seufzte. „Es ist wirklich toll hier, aber leider haben wir den Hinweis noch nicht gefunden."

„Der Museumspark ist groß, und es gibt viele Orte, an denen wir noch nicht gesucht haben. Wir finden den Hinweis ganz bestimmt", tröstete ihn Mama, und sie suchten in den Gebäuden gegenüber dem Café. Doch auch in dem 350 Jahre alten Kammerofen, der an ein verwinkeltes, mittelalterliches Kellergewölbe erinnerte, fand sich kein Zettel oder Brief. Im Rumford-Ofen wurden die Kinder ebenfalls nicht fündig.

5.

AUF FOSSILIENSUCHE IN RÜDERSDORF

„Au Backe, wir kommen noch zu spät“, rief Papa, während die Familie auf dem Glockenturm stand und den Blick über den heutigen Tagebau schweifen ließ. „Ich glaube, jetzt müssen wir uns beeilen, sonst verpassen wir die Fossiliensuche.“

Schnell eilten sie zum Eingang, an dem sich die anderen Teilnehmer bereits versammelt hatten.

Der Rundgang begann im *Haus der Steine*. Dort waren viele schöne Fossilien – versteinerte Tiere und Pflanze aus dem einstigen Trias-Meer –, aber auch Mineralien aus 245 Jahren Erdgeschichte ausgestellt. „So etwas wie unsere Ausstellungsstücke hier werden Sie vermutlich heute nicht finden“, erklärte der Geologe, der ihnen später den Tagebau zeigen wollte. „Aber eine Muschel findet eigentlich jeder.“ Nikolas beugte sich zu Lilly und flüsterte: „Ich glaube, Fossilien sind die ältesten Zeugnisse der Vergangenheit!“

Lilly nickte und hielt besonders gut Ausschau, aber es war nichts zu finden. Wenig später gingen sie zu einem Raum in der Nähe des alten Kammerofens. Hier bekam jeder einen Helm, eine Schutzbrille und eine Warnweste.

So ausgestattet stiegen die Gäste in ein uraltes Armeefahrzeug. Lilly und Mama durften vorn neben dem Geologen sitzen, der auch ihr Fahrer war, weil Lilly an diesem Tag die Kleinste war und es hinten auf den langen Sitzbänken ganz schön wackelig werden würde.

Das alte Auto holperte quer durch Rüdersdorf über Kopfsteinpflasterstraßen.

In der Nähe der Kirche bogen sie nach links ab und fuhren auf das Gelände des Tagebaus. Der Fahrer erzählte Lilly und Mama, dass in Rüdersdorf schon seit mehr als 760 Jahren Kalkstein abgebaut wurde. „Die Gebäude, die Sie im Museumspark bewundern können, wurden von berühmten Architekten wie Karl Friedrich Schinkel entworfen. Bis heute ist die Muschelkalklagerstätte in Rüdersdorf die größte ihrer Art in Mitteleuropa. Hier haben Wissenschaftler zum ersten Mal herausgefunden, dass sich in der Eiszeit gewaltige Eismassen über das Land geschoben haben, die die Findlinge aus Nordeuropa mit sich brachten."

Während sie den Geschichten des Fahrers lauschten, blickten Lilly und Mama fasziniert aus dem Fenster. Sie fuhren direkt am Rand des Tagesbaus entlang, der praktisch ein riesiger Krater war. Neben ihnen lag der Abgrund. Dann hatten sie ihr Ziel erreicht und stiegen aus dem Auto.

Vorsichtig kletterten die Fossiliensucher einen steilen Hang hinunter, anschließend suchte sich jeder einen Platz. Geduldig drehten sie einen Stein nach dem anderen um, und schon nach wenigen Minuten hielt Nikolas triumphierend ein Exemplar hoch, auf dem eindeutig der Abdruck einer Muschel zu sehen war.

Auch Lilly fand kurze Zeit später einen, wie sie fand, sehr vielversprechend aussehenden Stein. Als es langsam Zeit wurde, zum Auto zurückzukehren, hatten die Geschwister Papas ganzen Rucksack mit Steinen vollgepackt, von denen sie glaubten, es seien Fossilien.

Stolz zeigten sie dem Geologen ihre Funde. „Das meiste sind leider nur Wurmgänge“, erklärte der Experte. ‚Aber immerhin sind es die Gänge von Würmern, die in der Zeit der Dinosaurier durch den Meeresboden gekrochen sind‘, dachte Nikolas. ‚Also sind es auch Fossilien.‘

„Diesen Stein sollten wir uns mal genauer ansehen“, meinte der Geologe nun. „Dort hinten in dem Schuppen sind Hammer und Meißel. Damit können wir mal schauen, was sich in dem Stein verbirgt.“ Papa und Nikolas eilten zu dem nur wenige Meter entfernten Schuppen, um das benötigte Werkzeug zu holen.

Nikolas sah ihn sofort – den Zettel, der halb unter einem Hammer versteckt lag. „Der nächste Hinweis“, flüsterte er.

„Tatsache“, rief Papa und zog den Zettel hervor.

Gemeinsam lasen sie:

Liebe Lilly, lieber Nikolas,

ich hoffe, ihr seid fündig geworden und könnt ein Fossil mit nach Hause nehmen!

Ich habe schon als Kind Mineralien und Fossilien gesammelt. Unzählige Exemplare habe ich von meinen Reisen mitgebracht. Auch das Thema Bergbau hat mich lange begleitet.

Begebt euch dorthin, wo die großen Dinosaurier und die steinernen Schätze zu Hause sind. An diesem Ort findet ihr den nächsten Hinweis. Sucht dort, wo ihr die Vielfalt des Lebens am besten sehen könnt.

A.“

Nikolas und Papa sahen einander an. Dann kehrten sie zu Mama und Lilly zurück. Lilly entdeckte den Zettel in Nikolas' Hand und sah an seinem Gesichtsausdruck, dass ihr Bruder den nächsten Hinweis gefunden hatte. „Und, wo müssen wir als Nächstes hin?", fragte sie neugierig.

„Zu den Dinosauriern.“

„Zu den Dinosauriern?“, wiederholte Lilly.

Nikolas las ihr den neuen Brief vor. „Dinosaurier gibt es in Schöneiche – am Eingang zum *Kleinen Spreewaldpark* und am Dinoteich“, überlegte Lilly.

„Ich schätze, der geheimnisvolle Weltreisende meint echte Dinosaurier“,

sagte Mama.

Trotzdem machten sie auf dem Heimweg einen kurzen Stopp im *Kleinen Spreewaldpark*, nur, um ganz sicherzugehen.

Einer der Eingänge wurde von einem Dinosaurierpärchen bewacht. Beide Dinos bestanden aus Keramikfliesen, die einzeln gerade so groß wie eine Hand waren. Eine Künstlerin und viele Kinder hatten jahrelang jeden Sommer daran gearbeitet, das Kunstwerk noch schöner zu machen, auch Nikolas war einmal dabei gewesen. Sie hatten auch den „Dinomaurier“ geschaffen, der den sogenannten Dinoteich im Park bewachte.

Lilly und Nikolas hatten bald festgestellt, dass sie hier nicht fündig werden würden, aber sie gingen trotzdem noch eine Runde mit Mama und Papa spazieren. Hier fühlte man sich wirklich wie im Spreewald. Zwischen schattigen Bäumen lagen kleine Kanäle, über die Brücken und Wege aus Holzplanken führten. Wenn genug Wasser da war, fuhren an den Wochenenden Bootsführer die Besucher sogar in einem echten

Spreewaldkahn durch die Gegend.
Lilly und Nikolas liebten den verwunschenen Park, der sie immer an einen Märchenwald erinnerte, aber auch seinen schönen Spielplatz. Hier endete ihr Besuch.

Als sie später gemeinsam am Abendbrottisch saßen, überlegten sie weiter, welcher Dinosaurier wohl gemeint sein könnte.
„Was ist mit Germendorf?“, schlug Lilly vor. Den Freizeitpark mit Wildtiergehegen, Spielplätzen, Karussells, einem See und einem Dinosaurierpark besuchten sie mindestens einmal im Jahr. Rund dreißig Dinosaurier in Lebensgröße, aber auch Mammuts und andere Urzeittiere waren dort möglichst realistisch nachgebaut worden. Einige Dinos brüllten sogar lautstark.
„Gute Idee“, meinte Nikolas. „Könnten wir versuchen. Aber er schreibt, er hätte selbst mitgeholfen, einen Saurier auszugraben. Vielleicht meint er also, wir sollen nach einem Dinoskelett suchen.“
„Das *Naturkundemuseum*!“, rief Lilly plötzlich. Alle schauten sie überrascht an.
„Eine hervorragende Idee“, fand Papa. Mama und Nikolas nickten. „Okay, dann versuchen wir unser Glück im *Naturkundemuseum*“, verkündete Papa.

6.

DER GRÖSSTE DINO DER WELT IM NATURKUNDEMUSEUM BERLIN

Glücklicherweise hatten Mama und Papa noch etwas frei, sodass die Familie gleich am nächsten Tag wieder in der S-Bahn saß. Diesmal fuhren sie bis zur Friedrichstraße und stiegen dann in die U-Bahn um. Während der Fahrt erzählte Mama, dass das *Berliner Naturkundemuseum* nicht nur das größte Deutschlands war, sondern auch eines der fünf größten Naturkundemuseen der Welt. 30 Millionen Ausstellungs- und Forschungsobjekte gehörten dem Museum, ein kleiner Teil davon war in der Ausstellung zu sehen. Vom gleichnamigen U-Bahnhof mussten sie nur wenige Meter laufen, bis sie das eindrucksvolle, rund 130 Jahre alte Gebäude erreicht hatten.

Schon vom Eingangsbereich aus konnten sie das riesige Dinosaurierskelett sehen, dessen Kopf bis unter das wunderschöne Glasdach reichte. „Der ist mehr als 13 Meter hoch und damit das größte aufgestellte Dinosaurierskelett der Welt – und das besterhaltene seiner Art“, raunte Papa Lilly und Nikolas zu. „Fast alle Knochen, die ihr seht, sind echt. Gefunden wurde der Giraffatitan, eine Brachiosaurus-Art, vor gut 100 Jahren im afrikanischen Tansania, und zwar von Wissenschaftlern dieses Museums. Es war die erfolgreichste Dinosauriergrabung aller Zeiten. 250 Tonnen versteinerte Dinoknochen – das ist etwa so viel wie 21 Busse wiegen – wurden damals nach Berlin gebracht. Sie gehören zu mindestens 15 verschiedenen Dinosaurierarten.“

Insbesondere Nikolas, der sich für Dinos begeisterte, seit er drei Jahre alt war, konnte es kaum erwarten, dass Mama mit den Eintrittskarten kam.

Dann endlich betraten sie gemeinsam den Lichthof des Museums und konnten den Brachiosaurus in all seiner Pracht bewundern. Rund um ihn herum waren sechs weitere Dinos platziert worden. Auf großen Bildschirmen, die auf dem Boden standen, wurden die Tiere lebendig. Sie streiften durch die Landschaft, fraßen oder jagten. „Das ist so cool“, murmelte Nikolas.

„Weißt du, was auch cool ist?“, fragte Papa und führte Nikolas zu einer Steinplatte, die an der Wand hing. „Der Archaeopteryx hier ist der älteste Urvogel – eine Mischung aus Vogel und Dinosaurier. Dieser ist 150 Millionen Jahre alt, das bekannteste Fossil der Welt und das wertvollste Stück des Naturkundemuseums. Man fand ihn vor rund 150 Jahren in Süddeutschland.“

Der nächste Raum war ziemlich dunkel. Ein riesiger Globus mit einem Monitor zeigte einen Vulkanausbruch. In seiner unmittelbaren Nähe erspähten die Kinder große Ammoniten und Meteoritengestein, das aus dem Weltall auf die Erde gefallen war. Außerdem entdeckten sie eine Gruppe ausgestorbener Tiere, darunter das Urpferdchen, das nicht größer war als ein Hase.

Als sie weitergingen, standen sie plötzlich vor einer riesigen Glasvitrine. Darin befanden sich unzählige unterschiedlich große Einweckgläser, in denen rund eine Million Tiere konserviert waren, darunter Tiefseefische, Schlangen und Frösche. „Ein bisschen eklig ist das schon“, meinte Mama und ging mit Lilly schon zu den Säugetieren und Vögeln, während Papa und Nikolas interessiert die Insekten begutachteten.

Ein paar Schritte weiter erfuhren sie, wie Tiere eigentlich präpariert werden, damit der Körper eines toten Tieres erhalten bleibt, sodass es viele Jahre lang im Museum bewundert werden kann.

An der „Wand des Lebens“ waren 3.000 präparierte Tiere aller Arten und Größen zu bewundern. „In der Natur gibt es natürlich noch viel mehr Tierarten, zwischen 4 und 40 Millionen schätzen Experten“, erzählte Mama. „Ständig werden neue Arten entdeckt, auch von den Wissenschaftlerinnen und Wissenschaftlern dieses Museums.“

Zu sehen waren aber auch Tiere, die vor ein- oder zweihundert Jahren ausgestorben waren und die Lilly und Nikolas daher noch nie gesehen hatten. Da war zum Beispiel das Quagga, eine Art Zebra, das nur am Kopf und am Hals Streifen hatte, oder der australische Beutelwolf. Schuld am Aussterben dieser Tiere war der Mensch, der zu viele von ihnen gejagt hatte.

Doch was war das? Vor dem Beutelwolf lag ein Zettel auf dem Fußboden, der ihnen bekannt vorkam.

„Der nächste Hinweis!“, rief Lilly und hob den Brief auf. „Die Vielfalt des Lebens, dort sollten wir suchen – natürlich!“

„Das hab ich ja völlig vergessen!“, murmelte Nikolas erschrocken. Jetzt, wo ihm wieder eingefallen war, dass er ja nicht nur wegen der Dinosaurier und Tiere hier war, wollte er allerdings sofort wissen, was auf dem Zettel stand. Endlich hatte Lilly ihn auseinandergefaltet und las vor:

Liebe Lilly, lieber Nikolas,

ist es nicht traurig, dass nicht nur die Dinosaurier, sondern auch so viele andere faszinierende Tiere bereits ausgestorben sind? Doch während dieser Wolf die Welt für immer verlassen hat, kehrt ein anderer zurück nach Brandenburg. Bei ihm findet ihr den nächsten Hinweis.

Zunächst aber solltet ihr noch ein wenig hier verweilen und der Mineraliensammlung einen Besuch abstatten, zu der auch ich

meinen Teil beigetragen habe.
A.

„Ich würde sagen, wir folgen seinem Rat und machen uns später Gedanken über die Wölfe“, meinte Papa, als Lilly zu Ende gelesen hatte. Die Kinder nickten. Lilly faltete den Zettel wieder zusammen und bat Papa, ihn in seinen Rucksack zu stecken.

Im nächsten Zimmer leuchteten Planeten, und die Familie legte sich auf den Boden, um auf der Kinoleinwand an der Decke über ihnen dem Urknall zuzusehen. Zu guter Letzt bestaunten sie ausgiebig die mehr als tausend Mineralien und Edelsteine. Es waren Meteoriten und Gesteinsbrocken, die vom Mond oder Mars stammten.

„Was unser Weltreisender wohl damit meint, dass er auch zu dieser Sammlung beigetragen hat?“, überlegte Mama.

„Man kann in diesem Museum zum Beispiel die Patenschaft für Insektenkästen übernehmen und so das Museum unterstützen. Vielleicht hat er das bei der Mineraliensammlung getan“, schlug Papa vor.
„Oder er hat auf seinen Weltreisen Steine gesammelt und dem Museum gespendet“, grübelte Lilly. Sie ahnte nicht, wie nah sie der Wahrheit damit kam.

Auf dem Heimweg überlegten sie, an welchem Ort sie wohl den nächsten Hinweis finden würden. „Wir können ja schlecht im Wald nach Wölfen suchen, darum ist bestimmt ein Tierpark oder Zoo gemeint“, überlegte Nikolas und sah nachdenklich aus dem Fenster der S-Bahn.
„Aber in welchem leben Wölfe?“, grübelte Lilly. Ihr letzter Besuch im *Tierpark* war noch gar nicht so lange her, denn die Geschwister liebten den weitläufigen Park mit dem tollen Wasserspielplatz. Dort gab es Elefanten, Raubkatzen, Affen, Pinguine und unzählige andere Tierarten – aber auf Wölfe hatte Lilly nicht geachtet.
„Ich glaube, diesmal brauchen wir wirklich Hilfe aus dem Internet“, meinte Nikolas.
Papa zückte sein Smartphone. „Was soll ich eingeben?“
„Wölfe *Tierpark Berlin*“, schlug Lilly vor.
Wenige Sekunden später wussten sie, dass es im Tierpark Iberische Wölfe gab. Die schlanken Tiere stammten allerdings aus Spanien, nicht aus Brandenburg.
Auch beim *Zoo Berlin* hatten sie kein Glück. Hier lebten ausschließlich die wunderschönen Polarwölfe, die aus der Arktis stammen – ebenso wie im *Wildpark Johannismühle*. Im *Heimattiergarten Fürstenwalde* wurden die Kinder ebenfalls nicht fündig. Doch dann landete Mama, die parallel auf ihrem Handy gesucht hatte, einen Treffer.

„Ich glaube, ich habe die richtigen Wölfe gefunden! Der *Wildpark Schorfheide-Chorin* liegt mitten im Biosphärenreservat. Die Schorfheide ist das größte zusammenhängende Waldgebiet Deutschlands. Es gibt dort etwa 240 Seen, mehr als tausend Moorlandschaften, viele Wiesen und Ackerflächen. Und im Wildpark gibt es Wölfe – und einmal im Monat eine lange Wolfsnacht“, sagte Mama.

Lilly strahlte. Das klang richtig aufregend!

Zu Hause angekommen, informierte sich die Familie genauer über diese Veranstaltung. „Sie beginnt um 20 Uhr, und es gibt eine Taschenlampenführung durch den dunklen Park – mit Wolfsfütterung. Und wir haben riesiges Glück: Der nächste Termin ist übermorgen. Ich ruf da gleich morgen früh an!“

7.

WASSERSCHLACHT IM IRRLANDIA

Am nächsten Tag musste Papa arbeiten, und Mama hatte ein paar wichtige Termine, also fuhren Lilly und Nikolas nach dem Ausschlafen zu den Großeltern. „Und was machen wir heute?“, fragte Nikolas, nachdem der letzte Krümel vom Frankfurter Kranz in seinem Mund verschwunden war.

„Wir fahren ins *Irrlandia*“, sagte Opa.

Lauter Jubel erklang. Von diesem kleinen Freizeitpark am Rande von Storkow hatten Lilly und Nikolas schon von Freunden gehört. Angeblich gab es hier die höchsten Rutschen in ganz Brandenburg.

Das glaubte Lilly sofort, als sie die miteinander verbundenen schmalen und ziemlich hohen Hexenhäuser sah, aus denen die silbernen Rutschen herausragten. Schon das Hochklettern war eine Herausforderung. Lilly hatte extra die kleinste Rutsche ausgewählt. Trotzdem saß sie nun oben und blickte vorsichtig hinab. „Oh je“, murmelte sie. „Die geht ja fast senkrecht nach unten!“

Lilly schloss die Augen und atmete tief durch. Dann gab sie sich einen Ruck und sauste mit lautem Kreischen die Rutsche hinunter. Als sie angekommen war, fühlte sich Lilly ein bisschen flau, aber sie war auch ziemlich stolz. Unten wartete bereits Nikolas, der eine der anderen Rutschen genommen hatte.

Die Kinder tobten noch ein wenig auf der Hüpfburg herum, die aus mehreren Ebenen bestand, dann erkundeten sie das *Maislabyrinth*. Nikolas, Oma und Opa hätten sich hoffnungslos verirrt, aber Lilly führte sie alle sicher wieder hinaus. Nachdem sie die *Räuberburg* begutachtet hatten, erkundete Nikolas die zahlreichen dunklen Tunnel, die die Hügel durchzogen und gruselige Namen trugen, während Lilly mit den Großeltern Riesenseifenblasen zauberte. Anschließend trafen sie sich zum Waffelessen.

„Dürfen wir zum *Wasserspielplatz*?“, fragte Nikolas, nachdem er sich genüsslich den Puderzucker von den Lippen geleckt hatte.

Während Oma auf einer Bank neben dem Spielplatz wartete, nutzte Opa die Gelegenheit, sich noch etwas im Park umzusehen. Als er zurückkam, hielt er ein Schälchen mit Luftballons in der Hand. „Was sollen wir denn jetzt damit?“, fragte Nikolas erstaunt.

„Kommt mal mit“, sagte Opa lächelnd. Nicht weit entfernt standen ein paar Waschbecken. Opa begann, die Luftballons mit Wasser zu füllen. „Das sind keine Ballons, sondern Wasserbomben – und hier sind die Katapulte dafür.“

Nach diesen Worten gab es für Lilly und Nikolas kein Halten mehr. Sie schnappten sich ebenfalls einige der leeren Wasserbomben und versuchten, sie zu füllen, was eine ziemlich knifflige Angelegenheit war. Doch schon bald war jeder von ihnen gut bewaffnet, und die Schlacht konnte beginnen. Opa und Lilly zielten lachend auf Oma und Nikolas. Platsch! Die erste Bombe platzte direkt neben Nikolas und verzierte seine Jeans mit dicken Spritzern.

„Rache ist Blutwurst!“, rief Nikolas und zielte auf die Stelle zwischen Lilly und Oma, um gleich beide zu erwischen. Bäng! Lilly sprang rechtzeitig zur Seite, aber Oma hatte keine Chance. Am Ende waren alle nass bis auf die Unterhosen, und im kühlen Herbstwind fröstelten sie bald. Jetzt mussten sie erst einmal nach Hause und sich aufwärmen.

8.

UNTER WÖLFEN IN DER SCHORFHEIDE

Am nächsten Morgen schien die Sonne. Lilly, Nikolas und Mama saßen gemeinsam beim Frühstück, Papa war schon in der Redaktion, wollte aber um 14 Uhr wieder zu Hause sein. „Wollen wir heute Vormittag zur *Woltersdorfer Schleuse* fahren und die Enten füttern?“, schlug Mama vor.

Da sagten Lilly und Nikolas nicht Nein. Sie mochten die idyllische Schleuse, die den Flakensee mit dem Kalksee verband. Mehrmals am Tag wurde die kleine blaue Metallbrücke mit lautem Klingeln hochgezogen, und Boote, Dampfer und auch Lastkähne durften hindurchfahren. Währenddessen konnten die Fußgänger auf die Brücke klettern und von oben zuschauen. Mama hatte einmal erzählt, dass es an dieser Stelle schon seit dem Mittelalter eine Schleuse gab.

Sie parkten wie immer in der Nähe der Straßenbahnhaltestelle – Woltersdorf war die kleinste Gemeinde Deutschlands mit einer eigenen Straßenbahn. Lilly und Nikolas fütterten erst am See, dann am Kanal die Enten und Schwäne.

Als das Wildvogelfutter alle war, hüpften sie ein wenig auf Klangsteinen herum. Jeder Stein gab einen anderen Ton von sich, und wenn man richtig hüpfte, konnte man eine hübsche Melodie spielen.

Danach schlenderten sie kurz zur *Liebesquelle* hinüber. „Wer hat Appetit auf ein Eis?“, fragte Mama. Statt zu antworten, flitzten Lilly und Nikolas zu einem der vielen Lokale an der Schleuse. Mit Blick auf das glitzernde Wasser verdrückten sie ihre riesigen Eiswaffeln – und ließen dafür einfach das Mittagessen ausfallen.

Am Nachmittag fuhr die ganze Familie dann Richtung Norden. Am *Wildpark Schorfheide* angekommen, hatten sie noch ein bisschen Zeit, sodass Lilly und Nikolas den Spielplatz erkunden konnten.

Punkt 17 Uhr stand der Kremser bereit: ein von zwei Pferden gezogener offener Wagen mit langen Bänken an den Außenwänden und einem Tisch in der Mitte. Offenbar waren sie die einzigen Fahrgäste.

Die junge Kutscherin begrüßte sie herzlich. Sobald der Wagen sich in Bewegung gesetzt hatte, begann sie, Geschichten über die Tiere zu erzählen, an denen sie vorbeikamen: über die zehn Wildpferde, die hier im Wildpark so viel Platz hatten wie auf 24 Fußballfeldern, über die Rinderdamen Schoko und Erna, ihren Bullen und ihre fünf Kinder und über das Rotwild-Mädchen Johanna, das im Wisent-Gehege lebte, weil es felsenfest davon überzeugt war, selbst ein riesiger Bison-Verwandter zu sein. Sie sahen Wollschweine, Schafe und Ponys.

„Im Wildpark leben nur Tiere, die hier in der Schorfheide heimisch sind oder es früher einmal waren, aber inzwischen in freier Wildbahn ausgestorben sind", erklärte die Kutscherin. „Außerdem werden hier seltene, vom Aussterben bedrohte Haustierrassen gezüchtet."

Gemütlich trabten die beiden Pferde, die ihren Kremser zogen, dem Sonnenuntergang entgegen, vorbei an den Schwänen, die hier im Wildpark jeden Herbst eine Rast einlegten auf dem Weg Richtung Süden. „In diesem Jahr haben sie endlich wieder ein paar Jungtiere dabei. Seht ihr, die haben noch ihr grau-braunes Gefieder, wie das ‚Hässliche Entlein' aus dem Märchen", erzählte die Kutscherin.

In der Nähe des Wolfsgeheges machten sie eine Pause und stiegen aus. „Folgen Sie einfach dem Weg. Ich sammle Sie dort vorn wieder ein", versprach die Kutscherin.

Die Wölfe sahen überhaupt nicht gefährlich aus, sondern wie schöne Hunde. Ihr Fell glänzte in verschiedenen Braun-Tönen, und ihre dunklen Augen blickten neugierig und klug. Einer erinnerte sie sogar an Kalle, den Schäferhund ihres Nachbarn. Ganz nah am Zaun entdeckten sie einen jungen Wolf, der sich zusammengerollt hatte und schlief. „Wie süß!", rief Lilly entzückt, und der Rest der Familie musste ihr zustimmen. Der Wolf sah wirklich zu niedlich aus, ganz weich und kuschelig, wie ein Schmusetier. „Wie sind die Brüder Grimm nur darauf gekommen, dass so ein hübsches Tier Rotkäppchen und die sieben Geißlein gefressen haben soll?", fragte Nikolas.

Was die Kinder allerdings nirgendwo entdecken konnten, war der nächste Hinweis. Wieder und wieder liefen sie am Gehege vorbei, aber sie konnten

einfach nichts entdecken. Auch Mama und Papa fanden den Hinweis nicht. Verwirrt stiegen die Kinder wieder in den Kremser.
Der nächste Stopp war am Luchsgehege, doch die Wildkatzen hatten sich so gut in den Bäumen versteckt, dass die Familie sie nicht zu Gesicht bekam. Dafür lernten sie Elch Moritz und seine Mutter Lilly kennen. Nikolas lachte sich schlapp, weil das riesige Tier genauso hieß wie seine kleine Schwester, und auch Lilly grinste über ihre Namensvetterin.
Wenig später war ihre Rundfahrt zu Ende. „Ich bring jetzt die beiden Pferde in den Stall, und dann komm ich wieder, um mir die Wolfsnacht anzusehen“, erklärte ihre Kutscherin. „Seid ihr da auch noch dabei?“
Lilly und Nikolas nickten fröhlich. „Na dann, bis später“, verabschiedete sich die junge Frau. „Bis später“, riefen Lilly und Nikolas und winkten dem Kremser hinterher.
Inzwischen war die Sonne untergegangen, aber es war noch Zeit bis zum Beginn der Wolfsnacht. Also gingen sie hinüber zum Streichelzoo. Über eine Treppe konnte man in das Ziegengehege hineinklettern und sich aus einem Korb eine Bürste mitnehmen. Sofort waren sie von Ziegen umringt, darunter auch ein paar ganz kleine. „Schau mal, die weiße da sieht aus wie Schnucki von Heidi“, rief Lilly begeistert. Aber sie fand es auch ein wenig unheimlich, als die Ziegen versuchten, an ihr hochzuspringen und ihr die Vorderpfoten auf die Schultern zu legen.
Inzwischen waren auf dem Wildpark-Gelände diverse Lagerfeuer, Feuerschalen und ein paar aufgestellte Baumstämme angezündet worden, die den Park in ein geheimnisvolles Licht tauchten.
Weil es nach Sonnenuntergang ziemlich kalt geworden war, suchte sich die Familie einen Platz am Lagerfeuer. Die Kinder und Papa wärmten sich mit Kakao, Mama mit Glühwein. Um 19 Uhr fuhr ein Pickup vor, auf dessen Ladefläche sich das Abendessen der Tiere befand, die sie heute noch

besuchen wollten: Lilly und Nikolas erspähten große Eimer mit Fleisch, Apfelstücken und Körnern.

Inzwischen hatten sich viele Neugierige versammelt, die an der Nachtfütterung der Tiere teilnehmen wollten, darunter auch ihre Kutscherin, die ihnen von Weitem zuwinkte. Langsam setzte sich der Tross in Bewegung. Mit ihren Taschenlampen folgten sie den Mitarbeitern des Wildparks.

Ihr erster Weg führte zu den Elchen, die Lilly und Nikolas ja glücklicherweise schon kannten, denn es war so dunkel, dass sie die Tiere kaum erkennen konnten. Dafür erfuhren sie vom Tierpfleger, dass Elche gut schwimmen und für Menschen ziemlich gefährlich werden konnten. „Ich hab mal gehört, dass Elche mit einem einzigen Huftritt einen ausgewachsenen Grizzlybären töten können", raunte Papa Nikolas zu. „Denen sollte man sich lieber nicht in den Weg stellen."

‚Dabei sehen sie so nett aus', dachte Nikolas.

Anschließend wurden die Hirsche gefüttert, bevor die Besucher dem Fackelschein noch einmal zu den Wölfen folgten. Die Tierpfleger versteckten das Fleisch im Gras und im Gebüsch, wo die Wölfe es dann suchen mussten. Lautlos streiften die Tiere durch das Gehege.

Ihre guten Nasen führten sie schnell zu ihrem Abendessen. Hatte ein Wolf ein Stück gefunden, hielt er den Knochen geschickt mit den Vorderpfoten fest und nagte das Fleisch ab.
Auf dem Weg zum Ottergehege konnten sie im Schein der Taschenlampen ein paar Wildpferde ausmachen.
Lilly und Nikolas staunten, als sie erfuhren, dass Fischotter das zweitdichteste Fell unter allen Tieren hatten. Auf einem Quadratzentimeter wuchsen 50.000 Haare. Ein noch dichteres Haarkleid hatte nur ihr Verwandter, der Seeotter. „Weil Otter so ein dichtes Fell haben, können sie auch im Eiswasser tauchen, ohne zu frieren“, erklärte der Tierpfleger. „Sie verschließen dabei ihre Ohren und ihre Nase.“
Lilly und Nikolas war im Gegensatz zu den Ottern ziemlich kalt, und müde wurden sie auch. Daher waren sie nicht böse, als Mama vorschlug, nach Hause zu fahren. Der Weg zum Ausgang erschien ihnen diesmal unendlich weit. Dann saßen sie endlich im warmen Auto. Noch bevor sie die Autobahn erreicht hatten, waren Lilly und Nikolas die Augen zugefallen.

9.

EIN ENTSCHEIDENDER HINWEIS IM ZOO EBERSWALDE

Am nächsten Morgen gab es beim Frühstück eine Krisensitzung. Die Wolfsnacht hatte zwar allen supergut gefallen, aber sie hatten keinen neuen Hinweis gefunden, obwohl sie auch am Abend noch einmal rund um das Wolfsgehege gesucht hatten.

„Vielleicht haben wir uns doch mit dem Ort geirrt", überlegte Mama. „Es gibt bestimmt noch weitere Tierparks in Brandenburg mit Wölfen." Daran, dass vielleicht jemand den Zettel gestohlen haben könnte, wollte sie lieber nicht denken.

Tatsächlich stießen sie bei ihren Recherchen auf ein weiteres Wolfsgehege, und zwar im *Zoo Eberswalde*. Der war bekannt für seine Braunbär-Wolf-Anlage. „Da wollte ich schon immer mal hin!", rief Papa begeistert.

Während der knapp einstündigen Autofahrt nach Eberswalde konnten Lilly und Nikolas kaum stillsitzen vor Aufregung. Hoffentlich würden sie heute fündig werden!

Glücklicherweise lag das Wolfsgehege gleich am Eingang. Die Kinder achteten kaum auf das Wolfsrudel und den Braunbären, die sich ein gemeinsames Reich teilten. Lilly und Nikolas hatten nur Augen für den Zettel und suchten systematisch alles ab. Und tatsächlich: Da war er, diesmal in einer Plastikfolie unter einem Stein.

Liebe Lilly, lieber Nikolas,
auch dieses besonders schwierige Rätsel habt ihr gelöst, und zur

Belohnung gebe ich euch heute einen wichtigen Hinweis auf meine Identität. Ihr findet in diesem Zoo Tierarten von allen Kontinenten. Einige davon habe ich bereist, und dabei auch eine dieser Tierarten entdeckt. Seither trägt sie meinen Namen.
Ich bin damals mit einem Segelschiff über den Ozean bis nach Amerika gereist. Heute gibt es natürlich viel größere Schiffe – nicht nur auf dem Meer. Hier in der Nähe gibt es einen Ort, an dem riesige Schiffe Fahrstuhl fahren. Dort findet ihr den nächsten Hinweis.
A.

„Jetzt finden wir heraus, wer A. ist!“, rief Lilly aufgeregt.

„Auf jeden Fall!“, bestätigte Nikolas. „Diese Tierart finden wir, wir müssen nur aufmerksam die Namen auf den Schildern an den Gehegen lesen. Und dann überlegen wir uns, wo man die Schiffe findet.“

„Ich glaube, ich habe sogar schon einen Verdacht – für beide Hinweise“, sagte Papa, ließ sich jedoch nicht mehr entlocken.

Aufmerksam liefen Lilly und Nikolas los und stellten fest, wie viel es hier zu entdecken gab. Der *Zoo Eberswalde* lag mitten im Wald, und durch die Bäume turnten freilebende Äffchen. Mit großen Augen blickten die Kinder immer wieder in die Höhe.

Mama fotografierte die schöne Herbstdekoration, Nikolas bewunderte die Schneeeulen und Kängurus, und Papa musste sofort Tierfutter aus dem Automaten ziehen, damit Lilly das Damwild füttern konnte.

„Ich bin eine Disney-Prinzessin“, flüsterte sie hingerissen, als ein schneeweißes Reh auf sie zutrabte und ihr zutraulich aus der Hand fraß.

Vorbei an vielen exotischen Tieren aus Australien und Afrika, einem Tiger, einem Vielfraß und einer niedlichen kleinen Raubkatze namens Serval, kam die Familie am Löwengehege an. Ein Männchen und zwei Weibchen lagen dösend in der Herbstsonne.

„Schaut mal, hier führt eine Höhle unter das Gehege“, rief Nikolas aufgeregt. Neugierig stiegen sie die Treppenstufen hinab. Unten war es dämmrig. Löwengebrüll erklang aus einem Lautsprecher. Nach ein paar Schritten kamen sie an eine lange, schmale Scheibe auf Augenhöhe – und direkt dahinter schliefen die Löwen! Keine fünf Zentimeter von ihnen entfernt!

Die Familie blickte andächtig auf die majestätischen Tiere. Sie sahen das weiche, goldene Fell und wie sich die helleren Bäuche beim Atmen hoben und senkten. Nie hätten sie sich träumen lassen, Löwen einmal so nahe zu kommen! Papa konnte gar nicht mehr aufhören zu fotografieren.

Die Löwen ließen sich davon überhaupt nicht stören und hielten weiter ihr Vormittagsschläfchen.

Nach einem Besuch bei den lustigen Erdmännchen und flauschigen Hühnern machten sie ein Picknick am fantastischen Abenteuerspielplatz – der natürlich noch erobert werden musste. Nur die Namen der Tiere sagten ihnen nichts – bis sie kurz vor dem Ausgang bei den Pinguinen stehenblieben. „Humboldt-Pinguine", las Nikolas vor.

„Sind wir nicht neulich bei der Stadtrundfahrt an der *Humboldt-Universität* vorbeigefahren?", fiel Lilly ein.

„Stimmt. Die wurde nach den Brüdern Alexander und Wilhelm von Humboldt benannt. Beide waren große Gelehrte und speziell Alexander ein echtes Multitalent", sagte Mama. „Ich finde ihn ziemlich faszinierend und hab vor Kurzem ein Buch über ihn gelesen. Seine Entdeckungen sind noch heute wichtig für die Geografie, die Botanik, die Biologie und viele

andere Wissenschaften. Alexander wurde vor gut 250 Jahren in Berlin geboren, Wilhelm war zwei Jahre älter. Während Wilhelm eher in Berlin und Brandenburg wirkte, war Alexander auch ein großer Weltreisender. Er erkundete unter anderem Russland und den amerikanischen Kontinent."

„Dann muss es Alexander sein!", rief Nikolas aufgeregt. „Er ist A.!"

„Aber der ist doch schon lange tot! Wie kann er uns den Brief geschrieben haben?", überlegte Lilly.

„Lasst uns das auf dem Weg zum *Schiffshebewerk Niederfinow* überlegen. Das ist nämlich bestimmt der Ort, an dem wir den nächsten Hinweis finden", sagte Papa.

„Hm, ich wäre ja gern auch noch mit euch in den tollen *Familiengarten* hier in Eberswalde gegangen. Das ist ein riesiger Park mit Märchenspielplätzen, tollen Skulpturen, einem alten Kran, auf den man steigen kann, und Sportmöglichkeiten", sagte Mama. „Aber dann müssen wir uns das wohl für den nächsten Besuch aufheben. Auf zum Schiffshebewerk!"

Auf der Fahrt blickten Lilly und Nikolas fasziniert aus dem Fenster. Die Landschaft war hier richtig bergig, und die Wälder sahen in ihrer bunten Herbstfärbung aus wie gemalt. Dass es so etwas in Brandenburg gab, hatten die Kinder nicht gewusst.

„Bad Freienwalde, eine Stadt hier in der Nähe, hat sogar eine Skisprungschanze – die nördlichste in ganz Deutschland", wusste Mama.
„Wenn es im Winter irgendwann mal richtig schneit, müssen wir unbedingt wieder herfahren und rodeln gehen!", bat Lilly. Leider war Schnee in Berlin und Brandenburg allerdings eher selten.
Nikolas war viel zu sehr in Gedanken versunken, um an Winterfreuden zu denken. „Hat Alexander von Humboldt wirklich den Humboldt-Pinguin entdeckt?", wollte Nikolas wissen.
„Ja, er soll die Tiere erstmals um 1800 im heutigen Peru beobachtet haben. Diese Art der Brillenpinguine kannte man damals noch nicht", erklärte Mama.
Dann kam Nikolas zur entscheidenden Frage: „Wie kann uns ein Weltreisender, der vor 250 Jahren geboren wurde, auf eine Schatzsuche durch das heutige Berlin schicken?"
Die Eltern zuckten nur ratlos die Schultern, und auch Lilly fiel einfach nichts ein. Schließlich konnten Geister – falls es sie überhaupt gab – mit großer Wahrscheinlichkeit keine Briefe schreiben. Ob doch die Großeltern dahintersteckten?
„Ich glaube, wir müssen die Schatzsuche beenden, um das herauszufinden. Ich bin gespannt, wo sie uns noch alles hinführt", sagte Lilly nachdenklich.
„Bei dem, was Humboldt so alles erlebt hat, kann das ganz schön spannend werden", vermutete Mama.

10.

EINE BESONDERE SCHIFFSFAHRT IN NIEDERFINOW

Den Rest der rund dreißigminütigen Fahrt nach Niederfinow nutzte Mama, die sich als Architektin ein bisschen auskannte, um der Familie etwas über ihr nächstes Ziel zu erzählen: „Wir fahren jetzt zu einem der ältesten Schiffshebewerke Deutschlands. Schon 1905 beschloss die damalige preußische Regierung den Ausbau des wichtigen Wasserweges zwischen Berlin und Stettin – das liegt in der Nähe der heutigen polnischen Ostseeküste. Dafür war auch der Bau eines Schiffshebewerks vorgesehen. Aber dann kam der Erste Weltkrieg dazwischen. Hinterher musste alles wieder neu geplant werden, weil es inzwischen größere Schiffe gab. Erst 1927 konnte dann wirklich mit dem Bau begonnen werden. Sieben Jahre später nahm das Schiffshebewerk Niederfinow seinen Betrieb auf. Bis auf wenige Ausfalltage erfüllt das Industriedenkmal seitdem bis heute zuverlässig seine Aufgabe."

„Das war offensichtlich solide gebaut", sagte Nikolas.

„Das stimmt", bestätigte Mama. „Doch obwohl das Hebewerk, wie ihr sehen werdet, bereits absolut riesig ist, stellte man vor rund 30 Jahren fest, dass der Trog, in dem die Schiffe befördert werden, für die heutigen Schiffe langsam zu kurz wird. Mit jährlich 11.000 Schiffen war außerdem die Belastungsgrenze erreicht. Darum wurde der Neubau eines größeren, moderneren Schiffshebewerks neben dem alten beschlossen. Da passen dann auch moderne Großmotorgüterschiffe mit bis zu 9.800 Tonnen Ladung rein. Seit 2006 wurde gebaut, und nun ist es endlich so gut wie fertig. Das alte Schiffshebewerk soll sicherheitshalber noch bis 2025 in Betrieb bleiben."

In diesem Moment fuhr Papa auf einen großen Parkplatz. Schon von Weitem konnten Lilly und Nikolas eine riesige Stahlkonstruktion sehen. „Es gibt drei Möglichkeiten, das Werk kennen zu lernen: auf eigene Faust zu Fuß, mit einer Führung oder per Schiff."
Mama hatte kaum fertiggesprochen, als Lilly und Nikolas in Chor riefen: „Per Schiff, bitte!"
In Anbetracht des schönen Wetters erfüllten Mama und Papa ihnen diesen Wunsch gern. Mama kaufte an einem kleinen Kiosk die Fahrkarten und erkundigte sich, wann das nächste Schiff abfahren würde. Weil bis dahin noch etwas Zeit blieb, schleckten sie erst einmal ein Eis. Dann machten sie sich auf den Weg zum Anlegesteg Unterhafen, den sie in einer guten Viertelstunde erreichten.
Weil sie als Erste an Bord gehen konnten, sicherten sie sich gleich die besten Plätze ganz vorn in der kleinen Fahrgastkabine. Durch die großen Fenster hatten sie in alle Richtungen einen freien Blick und konnten in Fahrtrichtung, ein ganzes Stück entfernt, zwei riesige Stahlbrücken sehen.
Das Schiff füllte sich schnell, und nachdem die nette Bedienung ihnen Kaffee und Apfelschorle gebracht hatte, hörten sie auch schon den Ruf: „Leinen los!" Das Schiff bewegte sich in die Mitte des Stromes und glitt dann in Richtung des Hebewerks.
„Guten Tag, meine Damen und Herren, hallo liebe Kinder, als Kapitän der ‚Luise' heiße ich Sie zu unserer Besichtigungs- und Hebefahrt ins Schiffshebewerk Niederfinow herzlich willkommen. Die Hinfahrt dauert je nach Strömung etwa 30 Minuten. Dann fahren wir in Europas größten Schiffsfahrstuhl, mit dem wir 36 Meter in die Höhe geschleust werden. Ein- und Ausfahrt dauern etwa 20 Minuten. Oben fahren wir noch ein Stück an alten Gleisanlagen entlang, auf denen früher Treidelloks die Schiffe zur Schleuse gezogen haben. Dort können Sie rechterhand eine rekonstruierte

Treidellock sehen. Dann wenden wir und fahren zurück. Diesmal schleust der ‚Fahrstuhl' uns hinab, und wir verlassen das Werk in Richtung Anlegestelle. Schauen Sie bitte durch die Fenster am Bug unseres Schiffes, dann können sie linkerhand bereits das historische Schiffshebewerk sehen, rechts davon sehen sie das neue Werk, mit dem auch ..."
Mit einem lauten Knistern endeten die Erläuterungen des Kapitäns. Nur noch bruchstückhaft waren die weiteren Ausführungen zu verstehen, sodass Lilly, Nikolas und Papa froh waren, dass sie von Mama auf der Fahrt schon so viel über das Werk erfahren hatten.
Langsam bewegte sich die „Luise" auf das alte Schiffshebewerk zu. Papa machte die Kamera startklar, um ein paar Fotos für seine Zeitung zu schießen, wobei sicher auch einige für das Fotoalbum der Familie genutzt werden würden. Auch Nikolas machte das Handy startklar, um Bilder zu machen, die er an die Großeltern und seine Freunde schicken wollte.
Lilly, die dem Kapitän genau zugehört hatte, fragte inzwischen Mama, was eine Treidellok war. „Kannst du dich erinnern, dass die Wikinger ihre Schiffe über Flüsse gezogen haben, wenn sie nicht segeln konnten?"
Lilly nickte.
„So ähnlich war das hier aus, nur, dass die Treidellok das Ziehen übernommen hat. Bevor es das Schiffshebewerk gab, wurde der Höhenunterschied am östlichen Ende des Oder-Havel-Kanals über eine Schleusentreppe überwunden. Die bestand aus vier Schleusenkammern, in denen die Schiffe je neun Meter hinauf oder hinab bewegt wurden. Dann wurden die Kähne mit der Treidellock aus dem Trog gezogen."
„Es geht los!", rief Nikolas in diesem Moment, und das Schiff passierte das große Tor zum Schiffstrog.
„Knack, knack", kam es aus dem Lautsprecher, dann war der Kapitän wieder zu hören. „Wir entschuldigen uns für die kleine Tonstörung, die wir jetzt

hoffentlich behoben haben, sodass ich Ihnen noch ein paar Worte zur Funktion des Schiffshebewerkes sagen kann. Wir befinden uns jetzt im sogenannten Trog, in dem unser Schiff – wie ein Körper in einer Badewanne – so viel Wasser verdrängt, wie unser Schiff wiegt. Über uns befindet sich ein Stahlgerüst mit 64 Seilscheiben. Darüber führen dicke Stahlseile, die den Trog mit einem Motor und einem Gegengewicht verbinden. Damit wird der Trog samt Schiff nach oben gezogen."

Gespannt schauten alle Fahrgäste hinaus, um zu beobachten, wie ihr Schiff langsam hinauffuhr. „Seht mal, auf der Plattform da oben stehen Leute, die uns zuwinken", rief Lilly und winkte begeistert.

„Die haben sich sicher für eine Besichtigung zu Fuß entschieden", meinte Mama.

Nikolas hatte keine Zeit zu winken, weil er eifrig mit seinem Handy filmte. ‚Vielleicht kann ich das ja mal für einen Vortrag in der Schule benutzen', dachte er.

Das Wasser tropfte rund um die „Badewanne", in der sie jetzt ruhig mit ihrem Schiff lagen. Die Landschaft unten wurde immer kleiner – sie befanden sich tatsächlich in einem Fahrstuhl für Schiffe. Lilly strahlte.

Nach fünf Minuten waren sie oben und fuhren noch ein Stück den Kanal entlang. Rechts sahen sie die erwähnten Gleisanlagen und die alte Treidellok, die früher die Schiffe gezogen hatte.

Nachdem ihr Ausflugsboot gewendet hatte, griff der Kapitän wieder zum Mikrofon: „Zwischen unserem historischen Schiffshebewerk und der Schleusentreppe können Sie links den schon erwähnten Neubau des Hebewerkes sehen. Der Bau wurde 2006 begonnen, und die erste Durchfahrt sollte bereits 2017 erfolgen. Aber wie wir alle es ja leider von Großprojekten kennen, gibt es immer wieder Probleme – denken Sie nur an den BER –, sodass sich die Inbetriebnahme immer wieder verzögert hat. Wir hoffen aber, Sie bald dort an Bord begrüßen zu dürfen."

Und schon waren sie erneut im Trog und fuhren wieder hinab. Das schien viel schneller zu gehen als hinauf. Schon nach kurzer Zeit öffnete sich das Tor wieder, und die „Luise“ glitt gemütlich Richtung Anlegestelle.
Kurz vor dem Anlegen meldete sich der Kapitän noch einmal. „Wir danken Ihnen, dass Sie diese Fahrt mit uns unternommen haben, und stehen an der Anlegestelle gern noch für Fragen zur Verfügung. Bitte achten Sie darauf, alle Ihre Sachen mit von Bord zu nehmen. Hier bleibt doch öfter etwas liegen, wie gerade erst ein Brief an Lilly und Nikolas Sonnenschein aus Berlin, auf dem leider nicht mal die ganze Adresse steht, sodass wir ihn hätten nachschicken können.“
Die Kinder hörten staunend ihren Namen und riefen aufgeregt „Das sind wir, wir sind hier!!!“
„Na, so ein Zufall“, sagte der am Ausgang stehende Kapitän schmunzelnd und reichte ihnen mit einem Zwinkern den Umschlag. Die beiden bedankten sich schnell und flitzten vom Schiff, um den Brief zu öffnen und zu erfahren, ob dieser den ersehnten nächsten Hinweis enthielt. Denn sie hatten tatsächlich völlig vergessen, danach zu suchen.

Liebe Lilly, lieber Nikolas,
vermutlich wisst ihr inzwischen, wer ich bin, und habt im Eberswalder Zoo auch meine kleinen Namensvettern kennengelernt. Nun will ich euch von meiner fünfjährigen Forschungsreise nach Amerika berichten.
Schon als ich jung war, hatte mich das Fernweh gepackt. Im Jahr 1799, als ich gerade 29 Jahre alt war, erfüllte sich endlich mein Traum, und ich stieg auf ein Schiff, das mich über den Atlantischen Ozean auf den amerikanischen Kontinent bringen sollte. Damals dauerte so eine Reise noch um einiges länger als heute:

Nach einem Zwischenstopp auf der Insel Teneriffa waren wir drei Wochen auf hoher See unterwegs, bis wir Südamerika erreichten. Doch die Reise hatte sich gelohnt! Mit großer Begeisterung lernte ich Einheimische kennen und erkundete den Regenwald mitsamt seinen tierischen Bewohnern.

Nach 16 Monaten in Venezuela nahmen wir neue Ziele ins Visier. Von den tropischen Gefilden Venezuelas brachen wir, nach einem Abstecher in Kubas Hauptstadt Havanna, zum längsten Gebirge der Welt auf, den Anden auf der Westseite Südamerikas.

Nach Wanderungen durch die hohen Berge sahen wir erstmals den Pazifischen Ozean. Über drei Jahre waren wir unterwegs, als wir uns entschieden, Südamerika den Rücken zu kehren und endlich den nördlichen Teil des Kontinents zu erkunden. Bei unserem nächsten Stopp in Mexiko, das damals noch Neu-Spanien hieß, besuchten wir Bergwerke und bunte Märkte sowie die Tempel und Pyramiden, welche die Ureinwohner vor langer Zeit erbaut hatten.

Mich bedrückte, dass die Nachfahren der indigenen Völker unterdrückt wurden und in großer Armut leben mussten. Zum Abschluss meiner großen Reise reiste ich in die USA. Dort weilte ich sogar als Gast des Präsidenten Thomas Jefferson in Washington, D.C., sowie in Philadelphia. Den „Wilden Westen“ habe ich zwar nie gesehen, aber zahlreiche Indianer, vor allem in Mittel- und Südamerika, getroffen und viel von ihnen gelernt. Ihr Leben im Einklang mit der Natur hat mich von Anfang an fasziniert.

Die Nachfahren der amerikanischen Ureinwohner könnt ihr auch im Norden Brandenburgs treffen. Dort findet ihr den nächsten Hinweis.

Alexander

II.

WEIHNACHTEN IM OKTOBER IN BAD FREIENWALDE

„Im Norden Brandenburgs? Wo will er uns denn jetzt hinschicken?“, fragte Nikolas.

„Wohin auch immer, heute ist es dafür zu spät, es wird ja bald dunkel“, meinte Mama. Das müssen wir auf morgen verschieben. Und außerdem habe ich jetzt einen Riesenhunger, ihr nicht?“

Ein lautes Knurren aus Nikolas’ Magen übertönte fast das einstimmige „Ja“ der Familie. Auf dem Weg zum Auto machte Mama einen Vorschlag. „Eine Freundin hat mir ein schönes Restaurant in Falkenberg empfohlen, das ist ganz in der Nähe und liegt quasi auf dem Heimweg.“

Langsam fuhr Papa über eine schmale Waldstraße den Berg hinauf, bis sie schließlich einen kleinen Parkplatz erreichten, über dem ein großes Haus thronte. „Das ist das historische *Panoramarestaurant Carlsburg*“, sagte Mama. „Diese Burg stand hier nämlich früher.“

Sie stiegen die Treppen zum Lokal hinauf und suchten sich einen Platz auf der Terrasse. Noch schickte die Sonne etwas Wärme auf die Erde und ließ die Berge, Wälder und Felder leuchten, auf die sie hinunterblickten.

Die Familie bestellte warme Suppe, heiße Schokolade und eine Kuchenauswahl. Es schmeckte himmlisch. Nach dem Essen gingen Lilly und Nikolas ins Restaurantgebäude, um die Toilette aufzusuchen. Doch in der Tür blieben sie erstaunt stehen. Obwohl es erst Oktober war, stand und hing überall Weihnachtsdekoration.

„Die sind aber echt früh dran mit der Adventsdeko!“, sagte Nikolas, als sie zurück am Tisch waren.

Mama nickte lächelnd. „Den Besitzern des Restaurants gehört auch die *Dekoscheune*, fünf Kilometer von hier entfernt. Wenn ihr einverstanden seid, würde ich da gern auf dem Heimweg noch kurz anhalten und schon mal nach einem Weihnachtsgeschenk für Oma schauen."
Wenn Lilly und Nikolas im Restaurant schon über die Weihnachtsdeko gestaunt hatten, waren sie in der *Dekoscheune* völlig überwältigt. „Wir sind im Weihnachtsland! Können wir hier einziehen?", rief Lilly entzückt.
„Nein, aber wir nehmen ein bisschen vom Weihnachtsglanz mit nach Hause", sagte Mama mit strahlenden Augen.

Papa verdrehte die Augen. „Ich hab geahnt, dass das mit dem Geschenk für Oma nur ein Vorwand ist."
„Ach, für die kaufen wir auch was!", sagte Lilly grinsend.
„Ja, und zwar das hier", verkündete Nikolas und zeigte auf eine süße Keramikkeksdose in Form einer Eule.
„Das ist eine hervorragende Idee!", fand Mama und packe die Dose gleich in ihren Korb. Und dazu noch drei wunderschöne Weihnachtsbäume aus Keramik und das gläserne Schloss der Schneekönigin.
Papa verkniff sich jeden weiteren Kommentar. Er wusste, wann er verloren hatte, und packte die Einkäufe vorsichtig in den Kofferraum. Dann machten sie sich auf den Heimweg.
Im Auto blätterten Lilly und Nikolas ein wenig durch die Flyer, die Mama im Zoo mitgenommen hatte. Plötzlich setzte sich Nikolas kerzengerade hin und rief laut: „Das ist es!"
Papa zuckte zusammen. „Hey, ihr sollt nicht so rumschreien, wenn wir im Auto sitzen! Es ist gefährlich, den Fahrer zu erschrecken!"
„Entschuldigung, Papa, aber ich weiß, wo wir als Nächstes hinmüssen: in die *Westernstadt El Dorado* in Templin."

12.

EIN VORMITTAG IM WILDEN WESTEN UND EIN NACHMITTAG UNTER WASSER IN TEMPLIN

Der nächste Tag war ein Sonntag. Seit einer Woche war Familie Sonnenschein nun pausenlos unterwegs, immer auf der Suche nach dem nächsten Hinweis. Und obwohl Mama und Papa am Donnerstag ausgesetzt hatten, erbaten sie sich nun dringend einen Tag Pause. Auch Lilly und Nikolas waren langsam etwas erschöpft und hatten nichts dagegen, einen Schlafanzugtag auf dem Sofa zu verbringen und Kraft für die zweite Ferienwoche zu tanken.

Am Montag war die Familie dann wieder fit und betrat kurz nach 10 Uhr den Wilden Westen. In der Mainstreet reihten sich authentische Gebäude mit braunen Holzfassaden aneinander. Es gab ein Lokal und einen Laden sowie ein Sheriffbüro mit Gefängnis, in das Lilly Nikolas gleich einsperrte, dann aber seinen Unschuldsbeteuerungen Glauben schenkte und den Verdächtigen wieder auf freien Fuß setzte.

Ein von zwei dunkelbraunen Pferden gezogener Planwagen fuhr langsam über die breite, staubige Straße in den hinteren Teil der Westernstadt. Im historischen Fotostudio ließen sich gerade der Sheriff, eine Lady mit Reifrock und Schirm und zwei kleine Mini-Cowboys fotografieren. Neben der mexikanischen Kapelle übten sich zwei Jungs mit ihrem Vater im Axtwerfen.

Alles wirkte so echt, dass Lilly und Nikolas fast erwarteten, dass gleich ein paar Räuber mit Geldsäcken aus der Bank stürmen würden oder am Ende der Straße ein Duell stattfände.

Dazu kam es jedoch nicht, stattdessen lotste Papa den Rest der Familie zur Ranch, auf der es kurz darauf eine „Indianershow“ geben würde. Lilly und Nikolas wussten, dass die amerikanischen Ureinwohner so genannt wurden, weil Kolumbus, als er Amerika entdeckte, zunächst geglaubt hatte, in Indien gelandet zu sein. Ihr Freund Raven, den sie im Urlaub an der Lübecker Bucht kennengelernt hatten, war ein echter Menominee-Indianer.

Hier im *El Dorado* brachten ebenfalls zwei echte Nachfahren der Amerikanischen Ureinwohner den Besuchern ihre Kultur näher. Kendal

Grand Old Elk und seine Frau Maria vom Volk der Apsaloka aus Montana zeigten ihnen Tänze und Gesänge ihrer Heimat – natürlich in originalgetreuer Kleidung.

Nach der Show ging es zum Goldwaschen. Mit hochgekrempelten Hosenbeinen standen die Geschwister kurze Zeit später in einem flachen Teich und schwenkten mit schwarzen Pfannen den nassen Sand hin und her. Ein paar kleinere Kinder versuchten ihr Glück an einer Wasserrinne.

„Ich glaub, ich hab was“, rief Lilly nach kurzer Zeit erfreut und hielt einen kleinen, goldschimmernden Stein in der Hand. Nikolas brauchte etwas mehr Geduld.

Die Eltern machten sich in der Zwischenzeit auf die Suche nach dem nächsten Hinweis, fanden aber nichts. Nach einer halben Stunde hatten die beiden Goldsucher ein paar winzige Nuggets gesammelt und konnten sie in einem

Glasfläschchen mit nach Hause nehmen. „Jetzt suchen wir wieder mit euch nach dem Hinweis“, verkündete Nikolas.

„Bestimmt ist er in der kleinen Ausstellung hier“, vermutete Lilly und betrat die große Holzhütte.

In zahlreichen Schaukästen entdeckte die Familie echte Kleidung, Waffen und Alltagsgegenstände der amerikanischen Ureinwohner, aber auch der europäischen Einwanderer, von denen diese aus ihrer Heimat verdrängt

worden waren. Außerdem gab es viele interessante Infotafeln. Nur ein Zettel war nirgends zu sehen.
Nach einer abenteuerlichen Quadfahrt suchten sie im verlassenen Bergarbeitercamp der Old West Mining Company mit Metalldetektoren und Schaufeln nach verschwundenen Schätzen, fanden allerdings nur ein paar alte Patronenhülsen. Und obwohl das hier ein perfektes Versteck für den nächsten Hinweis gewesen wäre, konnten sie keinen finden.
„Vielleicht müssen wir mal die Postkutsche unter die Lupe nehmen, schließlich ist es ja ein Brief", überlegte Mama.
„Machen wir, aber erstmal Mittagspause?", fragte Papa.
„Ja!", riefen Lilly und Nikolas. Vor dem Essen wollten sie noch kurz auf die Toilette und sich die Hände waschen. Dabei kamen sie an einer Werkstatt vorbei. Und da blitzte etwas unter einem alten Weinballon hervor.

Liebe Lilly, lieber Nikolas,
es ist ganz schön aufregend in Amerika, oder?
Übrigens bin ich damals außer mit Schiffen überwiegend mit dem Pferd gereist. Doch in den tropischen Gewässern der Karibik habe ich noch ganz andere Pferdchen kennengelernt, außerdem Schildkröten und viele weitere außergewöhnliche Unterwasserlebewesen. Besucht auch ihr die magische Meereswelt und findet dort den nächsten Hinweis.
Alexander

Sobald Nikolas zu Ende gelesen hatte, rief er erfreut: „Morgen fahren wir ins *Sea Life*!"
„Woher weißt du, dass das *Sea Life* gemeint ist und nicht das *Aquarium* im *Zoo*?", fragte Papa.

„Keine Ahnung, Bauchgefühl“, antwortete Nikolas.
„Okay, dann also ab ins *Sea Life*“, sagte Mama.
„Juchu!“, rief Lilly erfreut.
Nach dem Mittagessen schlug Papa vor, sich im Bogenschießen zu versuchen. „Aber natürlich, Herr Legolas“, sagte Lilly kichernd und kam sich tatsächlich wie eine Elbenprinzessin vor, als sie konzentriert das Ziel anvisierte und den Bogen spannte.
„Das geht ganz schön auf die Arme“, stellte Nikolas fest. „Macht aber total Spaß.“
Zum Schluss besuchten sie die Western-Stuntshow. Dabei versuchte ein Hauptmann mit trotteligen Soldaten, die Ranch zu überfallen, aber der Farmer, seine mutige Tochter und ihre Indianerfreunde von nebenan wussten sich zu wehren.
Am frühen Nachmittag verließen sie das *El Dorado*. „Fahren wir jetzt wieder nach Hause?“, fragte Lilly.
„Ich hab eine bessere Idee“, sagte Mama. „Habt ihr Lust zu baden?“
Was für eine Frage! Mit einem Schwimmbadbesuch konnte man Lilly und Nikolas immer glücklich machen.
Zehn Minuten später parkten sie an der *NaturThermeTemplin*. Mama hatte in weiser Voraussicht die Badesachen eingepackt. In den nächsten vier Stunden kam die ganze Familie auf ihre Kosten. In der lichtdurchfluteten Therme gab es verschiedene Innen- und Außenbecken, darunter auch ein Wellenbad und einen Whirlpool, zwei coole Rutschen für die Kinder und einen schönen Saunabereich für Mama. Herrlich!

13.

EIN FISCHTASTISCHER AUSFLUG INS SEA LIFE

Am nächsten Tag fuhren sie mit der S-Bahn wieder einmal zum *Alexanderplatz*. Von hier aus waren es nur ein paar Minuten Fußweg zum *Sea Life*. Die Spitze des *Fernsehturms* wurde allerdings vom Nebel verschluckt, der sich erst langsam auflöste.

Unterwegs zeigte ihnen Mama das *Rote Rathaus*, von dem aus Berlin regiert wurde, und den *Neptunbrunnen* mit seinen schönen Skulpturen.

„Das dahinter ist die *Marienkirche*, die zweitälteste Kirche Berlins. Dazu gibt es eine interessante Geschichte: 1661 hatte der Turm noch einen hölzernen Helm, der durch einen Blitzschlag in Brand gesetzt wurde. Um die restliche Kirche und die vielen Häuser ringsherum vor einem Großbrand zu bewahren, befahl der Generalfeldzeugmeister seinen Kanonieren, die Spitze herunterzuschießen. Das hat funktioniert, aber zum Dank verdonnerte der Kurfürst den Offizier dazu, eine neue Turmspitze zu bezahlen.

Sie überquerten eine große Straße, dann hatten sie das moderne Gebäude erreicht, in dem das *Sea Life* untergebracht war. Schon der Eingangsbereich sah geheimnisvoll wie eine Höhle aus. Während Papa ihre Online-Tickets zeigte, nahmen Lilly und Nikolas sich je eine Stempelkarte, mit der sie am Ende einen kleinen Preis gewinnen konnten.

Dann ging die Familie durch eine Tür, vorbei an einem Abenteuercamp und zwei Ringelnattern. In den nächsten Räumen folgten viele interessant gestaltete Aquarien – vom Wannsee und dem Teufelssee über den Spreewald bis zum Hamburger Hafen. Drumherum hatte man die Fassaden von Häusern und sogar Schlössern im Miniaturformat nachgebaut, sodass man immer sehen konnte, in welcher Umgebung die Barsche, Karpfen, Hechte, Aale und Plötzen normalerweise lebten.

An den Wänden hingen Informationstafeln mit „Fischtastischen Fakten“, die Papa interessiert studierte. „Wusstet ihr, dass es 8.000 verschiedene Barsche gibt? Oder dass Haie in ihrem Leben bis zu 30.000 Zähne bekommen können?“, fragte er. „Ein weißer Hai kann einen Seelöwen mit einem einzigen Happs verschlingen und muss dann drei Monate nichts mehr fressen.“

Ein großer, runder Raum lag nun vor ihnen, dessen Wände vollständig von Aquarien bedeckt waren. Es war relativ dunkel, sanfte Musik erklang.

Um sie herum schwammen Hunderte silberner Fische im Kreis und glitzerten mit zahllosen Luftblasen um die Wette. Alles sah sehr schön aus. Sie hatten die Flussbewohner hinter sich gelassen und waren nun bei den Meereslebewesen angekommen.

Der nächste Raum gefiel Nikolas besonders. Die Aquarien ragten als Halbkugeln in den Raum hinein, sodass man das Gefühl hatte, die Fische würden direkt auf einen zuschwimmen. „Schaut mal, was der für ein riesiges Maul hat, man denkt, der beißt einem gleich in den Finger“, lachte er und versuchte, die Fische mit seiner Handykamera festzuhalten.

„Ein Krake besitzt acht Arme, drei Herzen, hat blaues Blut und ist so intelligent wie ein Hund“, las Papa von den Infotafeln vor. „Wenn ein Seestern einen Arm verliert, kann ihm ein neuer nachwachsen. Und es gibt Fische, die können ihr Geschlecht ändern.“

„Was?“, fragte Nikolas verwirrt. „Wenn sie keine Lust mehr haben, ein Junge zu sein, werden sie halt ein Mädchen?“

„Ja, so ungefähr“, grinste Papa.

Langsam wurden die Fische, die sie sahen, bunter.

Sie beobachteten einen Oktopus, der zusammengerollt in einem großen Tonkrug lag, dann aber langsam hinauskroch, Schwämme, rote und blaue Seeanemonen, orange- und fliederfarbene Seesterne und Muscheln. Ein paar Pfeilschwanzkrebse, die angeblich schon auf der Erde gelebt hatten, bevor es die Dinosaurier gab, lagen auf dem Rücken und zappelten. Im Gezeitenbecken konnten die Kinder vorsichtig einen Seestern berühren.

Lilly hatten es besonders die Seepferdchen und ihre Verwandten, die Seedrachen, angetan. Wenn sie nicht gerade mit den Schwänzen an einer Pflanze hingen wie Äffchen, flatterten ihre Flossen unglaublich schnell. „Bis zu siebzig Mal in der Sekunde“, erklärte Papa. „Bei den Seepferdchen brütet der Papa die Babys in seiner Bauchtasche aus. Leider sind sie vom Aussterben bedroht.“

Nikolas war schon ein paar Schritte weitergegangen zum großen Rochenbecken. Hier konnte man die flachen Fische mal von unten sehen – sie hatten einen weißen Bauch, und es sah aus, als hätten sie ein lustiges Gespenster-Gesicht auf der Unterseite. Einige waren auf dem sandigen Boden kaum zu sehen, so gut passte ihre Farbe in die Umgebung. Dann bestaunten die Kinder Katzenhai-Eier, die in einem Fischernetz hingen.

Im nächsten Raum ging es um den Schutz der Meereslebewesen. „Wusstet ihr, dass jedes Jahr nur vier Menschen durch einen Haiangriff sterben, aber 791 durch kaputte Toaster?“, fragte Papa ungläubig. „Offenbar ist der Mensch für den Hai viel gefährlicher als umgekehrt.“

Mit Hilfe von Kopfhörern erfuhren sie, welchen unglaublichen Lärm die Menschen im Meer veranstalteten. Die sogenannten Sonarwellen zur Ortung von U-Booten waren sehr gefährlich für Meereslebewesen wie Haie, Wale und Delfine.

Nach den Fischen aus Nordsee, Atlantik und Mittelmeer folgten nun die bunten, tropischen Fische. „Ich hab Nemo und seine Freunde gefunden!“, rief

Lilly begeistert. Neben den niedlichen Clownsfischen und den leuchtend blauen Paletten-Doktorfischen gab es aber auch knallgelbe, pinkfarbene, lila-orange und türkis-goldene Arten.

Nachdem sie ein lustiges Spiegellabyrinth durchquert hatten, folgte ein Tunnel mit Rochen und Haien. „Warum sind die Haie so klein?“, wollte Lilly wissen.

„Es gibt viele verschiedene Hai-Arten, die meisten sind nicht größer als du“, antwortete Papa. „Übrigens sind Rochen nicht so harmlos, wie sie aussehen – die haben einen giftigen Stachel am Schwanz und sind darum ziemlich gefährlich.“

Mit dem Ende des Tunnels hatten sie den Ausgang des *Sea Life* erreicht, an dem ein Souvenirshop lag, in dem sich Lilly und Nikolas ihre Belohnung für ihre vollständig gefüllten Stempelkarten abholen konnten.
„Fahren wir jetzt nach Hause?", fragte Nikolas. „Wir haben den Hinweis noch gar nicht gefunden."
„Nein, das Beste kommt noch", antwortete Papa. „Kommt mit."

Kurze Zeit später standen sie vor dem *AquaDom*, einem der größten Aquarien der Welt. Es war 25 Meter hoch, rund und von flachen Wasserbecken umgeben, in denen Koi-Karpfen schwammen. In der Mitte des Aquariums fuhr ein gläserner Fahrstuhl auf und ab. Sie mussten nicht lange warten, dann konnten sie einsteigen, eine schmale Treppe nach oben laufen und die Aussicht bewundern.
Während der Fahrstuhl langsam nach oben fuhr, berichtete die Fahrstuhlführerin, dass das Wasser immer 27 Grad warm war und der *AquaDom* mitten in einem Hotel stand – „dem einzigen Hotel in Berlin mit Meerblick". Mehr als 1.500 Fische aus rund hundert Arten lebten hier in einer Million Liter Wasser. Während sich unten im Korallenriff die bunten Tropenfische tummelten, schwammen oben

größere Schwarmfische wie die Königsmakrelen im Kreis. Ganz oben erreichten sie die „Taucheretage“. Von hier aus wurden die Fische gefüttert, das Becken wird fast jeden Tag durch drei bis vier Taucher gereinigt und bei Bedarf etwas repariert.

Als sie wieder ausgestiegen waren, liefen sie noch eine Runde um den *AquaDom* herum. Da entdeckte Nikolas am Geländer einen Zettel. Blitzschnell griff er danach und faltete ihn auseinander.

Liebe Lilly, lieber Nikolas,
ich hoffe, die wunderbaren Wasserlebewesen haben euch gefallen, und ihr werdet dazu beitragen, sie zu schützen.
Wie ihr vermutlich wisst, habe ich auf vielen Gebieten geforscht. Eine große Leidenschaft hegte ich für die Botanik. Findet die Pflanzen, die ich in Südamerika entdeckte, und ihr findet den nächsten Hinweis.
Alexander

„Hm, es gibt den *Botanischen Garten* in Steglitz. Vielleicht ist der gemeint“, überlegte Mama.

„Oder die *Gärten der Welt*? Das würde doch zu einem Weltreisenden passen“, fiel Papa ein.

„Da wollten doch Oma und Opa ohnehin mal mit uns hin“, sagte Nikolas.

„Gut, wir rufen sie nachher an“, sagte Mama.

„Und was machen wir jetzt?“, wollte Lilly wissen.

„Jetzt schauen wir uns Berlin mal aus einer ganz anderen Perspektive an“, sagte Papa.

14.

ZWEIMAL BERLIN VON OBEN AM FERNSEHTURM

Papa steuerte wieder auf den *Fernsehturm* zu, genauer gesagt auf das weiße Gebäude am Fuß des Turms, das gefühlt mindestens zwölf Ecken hatte. Über einer der Türen hing ein recht unscheinbarer Schriftzug: „*Little Big City*“. Vor dem Eingang standen ein grünes Ampelmännchen und ein kleiner gelber Trabi.

Papa zeigte dieselben Tickets vor wie zuvor im *Sea Life*. „Die werden uns heute noch diese und eine weitere Tür öffnen“, raunte er den Kindern zu. Mehr konnten sie ihm nicht entlocken. Mit einem weiteren Quizzettel in der Hand betraten sie einen Gang mit Jahreszahlen an den Wänden. Offenbar ging es um die Geschichte Berlins. Na, ob das so spannend war?

Nach ein paar lustigen Fotos mit dem auf zwei Meter geschrumpften *Fernsehturm* und dem 1,50 Meter hohen *Brandenburger Tor* betraten sie einen großen, dunklen Raum. Vor ihnen lag Berlin im Miniaturformat. Aber nicht einfach so: 750 Jahre Stadtgeschichte wurden hier in detaillierten, teilweise animierten Modellen mit Licht, Film, Sound und Hologrammen zum Leben erweckt.

Lilly und Nikolas waren bei der Stadtgründung im 13. Jahrhundert dabei, brachten das Gespenst im Stadtschloss per Knopfdruck zum Spuken, Marlene Dietrich zum Singen und die Mauer zu Fall. Sie spähten in Salons und U-Bahnhöfe, in Theater und Gangstertreffs. Sie erlebten das Mittelalter, die Aufklärung, die Industrialisierung und die „Goldenen Zwanziger“, aber auch die dunklen Momente der Stadt: Seuchen, den Dreißigjährigen Krieg, den Reichstagsbrand und das zerstörte Berlin zum

Ende des Zweiten Weltkriegs inmitten von Bombenhagel, Feuer und Rauch.
„Ich finde es sehr eindrucksvoll, aber auch beklemmend, wie man hier praktisch auf einen Blick sieht, wie ein Ereignis das nächste ausgelöst hat und am Ende zu Millionen Toten führte", sagte Mama.
Die Geschwister trafen berühmte Bewohner und Gäste der Stadt, sahen unglaubliche Szenen aus dem geteilten Berlin und fanden sich schließlich im Hier und Jetzt wieder, wo sie mit einem echten Trabi über die Stadt flogen.

„Das war richtig cool!“, sagte Nikolas am Ende überrascht.

Lilly nickte zustimmend. „Jetzt will ich aber wissen, wohin wir als Nächstes fahren!“

„Nach ganz oben“, sagte Mama lächelnd.

„Auf den *Fernsehturm*?“, fragte Lilly aufgeregt.

„Ganz genau! Heute haben wir bestimmt eine gute Sicht und können weit schauen. Mal sehen, was wir alles entdecken.“

Die Warteschlange am Eingang war ziemlich lang. Zum Glück hatte Mama ihre Tickets im Internet gebucht, sodass sie sich nicht hintenanstellen, sondern nur ein paar Minuten warten mussten. Als ihre Wartenummer auf dem Bildschirm an der Wand erschien, durften sie eine der vier Treppen zum Fahrstuhl hochgehen.

Lilly und Nikolas rannten aufgeregt los. „Na na, nicht so schnell!“, sagte der Aufzugführer, als die Geschwister in den Fahrstuhl stürmten.

Nachdem alle den Fahrstuhl betreten hatten, schloss sich die Tür. „Herzlich willkommen!“, sagte der Aufzugführer. „Die Fahrt dauert 35 Sekunden mit einer Geschwindigkeit von 6 Metern pro Sekunde. Dieser Fahrstuhl wurde im Jahr 2014 saniert. Die Aussichtsplattform befindet sich in einer Höhe von 203 Metern. Und jetzt viel Spaß.“ In diesem Moment öffnete sich die Tür bereits wieder.

„Das ging aber wirklich schnell“, staunte Nikolas.

„Kommt, hier gibt es ganz viel zu sehen“, sagte Papa und ging voraus. Und er hatte recht. Sechzig große Panoramafenster boten einen Rundumblick über die Stadt.

„Schau mal, Nikolas, da ist das *Brandenburger Tor*, da waren wir vorhin erst“, rief Lilly begeistert und zeigte mit der Hand schräg nach unten.

Langsam gingen sie einmal rundherum und kamen aus dem Staunen nicht heraus.

„Berlin sieht aus wie eine Spielzeugstadt“, fand Nikolas. Sie erkannten das *Rote Rathaus* direkt unter sich, den Hauptbahnhof ein kleines Stück weiter, den Funkturm und das *Olympiastadion* in der Ferne. Sogar den Müggelsee konnten sie erkennen. Papa zeigte ihnen auch den *Potsdamer Platz*, ihr nächstes Ziel am heutigen Mega-Ausflugstag.

„Wo führt eigentlich diese Treppe hin?“ fragte Lilly auf dem Rückweg zum Fahrstuhl. „Darüber erreicht man ein Aussichtsrestaurant“, erklärte Mama. „Die Tische und Stühle stehen auf einer Art Drehscheibe, die sich innerhalb einer Stunde einmal um den Raum dreht. Das heißt, du kannst Kuchen essen, und die Aussicht verändert sich durch die Drehschreibe immer wieder.“

„Können wir das machen?“, fragte Lilly begeistert.

„Dafür hätten wir länger im Voraus reservieren müssen. Aber das machen wir definitiv irgendwann mal“, versprach Mama.

„Außerdem haben wir ja jetzt noch etwas anderes vor“, erinnerte Papa sie.

„Ja, was eigentlich? Was macht man denn an diesem *Potsdamer Platz*?“, hakte Nikolas nach.

„Das werdet ihr gleich erfahren“, sagte Papa. Er liebte solche Überraschungen.

15.

GROẞES GANZ KLEIN AM POTSDAMER PLATZ

An der Weltzeituhr vorbei, gingen sie zur U-Bahn und fuhren mit der Linie 2 zum *Potsdamer Platz*. Hier befand sich einer der modernsten Teile von Berlin mit vielen Hochhäusern und besonderer Architektur. Ein Teil der *Berliner Mauer* war hier ausgestellt.

Lilly und Nikolas wussten, dass früher, als ihre Eltern noch Kinder waren, Deutschland ein geteiltes Land war. Im Westen gab es die Bundesrepublik Deutschland, kurz: BRD, und im Osten die Deutsche Demokratische Republik, kurz: DDR. Doch nicht nur Deutschland war geteilt, sondern auch Berlin. Die DDR hatte eine Mauer mitten durch die Stadt errichtet, und so konnten die Menschen nicht mehr auf die andere Seite gehen. Die Mauer stand direkt hinter dem *Brandenburger Tor*.

Lilly und Nikolas konnten sich das kaum vorstellen. Zwei deutsche Länder und eine geteilte Stadt, in der man nicht auf die andere Seite durfte – das klang einfach verrückt.
Sie liefen ein Stück die Potsdamer Straße entlang, bis Lilly vor einem Glasgebäude eine lebensgroße Giraffe aus Legosteinen entdeckte. Als sie sich ihr näherten, konnten die Kinder auch das Schild daneben lesen: „*Legoland Discovery Centre*".

„Juchu!", rief Nikolas begeistert.
„Es ist zwar nur ein kleines Legoland, ein Indoor-Spielplatz und kein Freizeitpark, aber ich denke, wir werden trotzdem viel Spaß haben", sagte Papa. Der Eingang befand sich ein paar Meter hinter der Giraffe. Im kunterbunten Eingangsbereich zeigte Papa wieder ihre Kombitickets, dann gingen sie die Treppe hinab und landeten direkt im *Miniland*. Wie im *Little Big City* waren hier berühmte Berliner Gebäude nachgebaut, nur eben aus Tausenden Legosteinen.
Im nächsten Raum gab es jede Menge Tische voller Legosteine, an denen die Besucher selbst kreativ werden

konnten. Besonders beliebt schienen in den Herbstferien Kürbisse und Gespenster zu sein.
Während Lilly, Nikolas und Papa eine kleine Halloweenszene bauten, stellte sich Mama schon mal bei der kleinen *Drachenbahn* an. In 15 Minuten würde sie zu ihren nächsten Runden durch eine mittelalterliche Burg starten. Die Fahrt war zwar absolut kleinkindtauglich, aber trotzdem witzig.
Anschließend trainierten Lilly und Nikolas im *Ninjago City Adventure* ihre Ninja-Fähigkeiten beim Hangeln, Klettern und dem Ausweichen von Laserstrahlen. Sie ließen selbstgebaute Autos gegeneinander Rennen fahren, sahen sich einen 4-D-Kurzfilm an, besuchten einen Modellbauworkshop, stellten in der *Lego-Fabrik* ihre eigenen Steine her, die sie sogar mitnehmen durften, und flogen eine Runde mit *Merlins Zauberschüler-Karussell*.
Vor allem aber staunten sie immer wieder über die fantastischen Lego-Kreationen, in denen unzählige Arbeitsstunden steckten und die sie bis zum Ausgang begleiteten. Inzwischen war es dunkel, und die Gebäude am *Potsdamer Platz* leuchteten im Abendlicht.
„Das sieht richtig cool aus", sagte Nikolas und blickte sich neugierig um. Zwischen den zwölfstöckigen Gebäuden lag ein Platz mit Springbrunnen, darüber wölbte sich ein Dach, das ihn irgendwie an die ersten Flugmaschinen erinnerte, so schien es über den Glasfassaden zu schweben.
„Das ist das *Sony Center*. Mir gefällt es auch", sagte Mama, die als Architektin viele moderne Gebäude eher kritisch betrachtete.
„Wenn ihr wollt, können wir uns auf dem Heimweg einen Snack holen und damit noch ein paar Minuten durch die *Hackeschen Höfe* bummeln", schlug Papa vor. „Im Dunkeln sieht es dort auch sehr hübsch aus."
Da musste der Rest der Familie ihm kurze Zeit später zustimmen. Die eleganten, alten Gebäude, die die quadratischen Innenhöfe umgaben,

waren schön beleuchtet. Viele Menschen strömten in die Restaurants, Theater und die kleinen Geschäfte. Den Kindern gefiel vor allem der Ampelmännchen-Laden, besonders, als Mama eine Tüte Ampelmännchen-Fruchtgummis spendierte. Aus dem Snack wurden gigantische Eistüten.
Dann setzte sich die Familie in die S-Bahn und fuhr nach Hause, wo die Kinder ziemlich schnell hundemüde ins Bett fielen.

16.

AUF GARTEN-WELTREISE MIT OMA UND OPA

Auf dem Heimweg hatte Mama mit den Großeltern den Besuch in die *Gärten der Welt* für den nächsten Tag verabredet. Während die Sonnenscheins noch am Frühstückstisch saßen, standen Oma und Opa bereits gut gelaunt vor der Tür. „Habt ihr Lust, heute mit uns auf Weltreise zu gehen?“, fragte Oma.

„Okay, los geht's!“ Nikolas sprang von seinem Stuhl auf und zog sich die Jacke an.

Glücklicherweise war auch Lilly mit dem Frühstück fertig, sodass sie sofort aufbrechen konnten. Mama und Papa wollten den Tag nutzen, um den Garten winterfest zu machen.

Die Fahrt dauerte rund 25 Minuten. Opa fuhr zum Eingang *Kienbaumpark*, weil es hier genügend Parkplätze gab. Die Seilbahn würde sie in den Park und später wieder zurück zum Auto bringen.

Aufgeregt setzten sich die Kinder in die Gondel, die überwiegend aus Glas bestand. Schon bald schwebten sie hoch über dem Boden und konnten die ganze Gegend überblicken. Sie sahen unzählige Hochhausblöcke, aber auch Spielplätze und Einfamilienhäuser, Wasser und die wilde Natur des Wuhletals. Nach einer Zwischenstation am Wolkenhain schwebten sie den Kienberg wieder hinunter in die *Gärten der Welt*. Das Gelände sah riesig aus, und Lilly und Nikolas wussten nicht, wie sie das alles entdecken sollten. Dass sie das wollten, war allerdings sonnenklar.

Am Eingang holten sie sich einen Plan. „Lasst uns im Uhrzeigersinn gehen, dann verpassen wir nichts“, schlug Opa vor.

Ihr erstes Ziel waren die *Wassergärten*, in denen sich Wasserfälle die Steinwände hinab in ein Becken stürzten. Nikolas sprang sofort auf die Felsen, die sich darin befanden. „An heißen Sommertagen gibt es bestimmt keinen besseren Ort“, sagte Oma und atmete tief die frische Luft ein. Auch der Spielplatz hatte reichlich Wasserspaß zu bieten.

Der *Chinesische Garten* wirkte harmonisch und friedlich. Trauerweiden und Bambus umrahmten einen See, an dessen Ufer ein Teehaus und andere hübsche Gebäude mit den typischen gebogenen Dächern lagen. Durch einen Wald mit Märchenfiguren gelangten sie zum *Christlichen Garten*. Die Laubengänge um den kreuzförmigen Garten herum bestanden aus goldenen Buchstaben. Es waren Texte aus der Bibel, aber auch andere wichtige Zitate der Menschheitsgeschichte. Drumherum gab es viel Grün und ein schlichtes Wasserbecken.

Im *Japanischen Garten* leuchtete der Ahorn in allen Rot-, Orange- und Rosatönen. Selbst die Kinder spürten die Ruhe, die sie hier überkam. Im Mittelpunkt des *Koreanischen Gartens* dagegen stand ein Haus auf Felsen, zwischen denen sich ein Bach hindurchschlängelte – ein Ort von wilder Schönheit.

„Ich weiß gar nicht, welcher mir besser gefällt, sie sind alle so toll!“, rief Lilly entzückt. Sie kam sich tatsächlich wie auf einer Weltreise vor.

Diese führte sie nun in den Orient – in einen Garten wie aus Tausendundeiner Nacht. Hinter hohen Mauern verbargen sich prächtige Wasserspiele, exotische Pflanzen, die die Geschwister noch nie gesehen hatten, Arkadengänge mit Säulen und Mosaiken. „Wow!“, rief Nikolas begeistert, und der Rest der Familie konnte nur andächtig nicken.

Im *Englischen Garten*, der sich entlang einer Burgmauer mit Türmchen erstreckte, entdeckten die Kinder Schafe und einen winzigen Frosch. Nachdem sie die Farbexplosion der blühenden Dahlien hinter sich gelassen hatten, machten sie im Restaurant in der Nähe des *Amphitheaters* ihre verdiente Mittagspause, und Oma bestellte Pizza für alle.

Beim Essen überlegten sie, wo sich der Hinweis befinden könnte. Lilly und Nikolas hatten zwar ein wenig Ausschau gehalten, aber der Park war so groß, dass es ohne einen genaueren Hinweis praktisch unmöglich war, hier einen Brief zu entdecken. Südamerikanische Gärten, in denen sie den

Fundort vermutet hätten, gab es nicht, und das *Tropenhaus* war geschlossen.

„Vielleicht müssen wir doch im *Botanischen Garten* suchen“, überlegte Lilly.

Da hatte Opa noch eine andere Idee: „Ich hab mal gelesen, dass Alexander von Humboldt auch häufig in Potsdam war. Dort gibt es eine Tropenwelt, die *Biosphäre*. Das ist praktisch ein richtiger Dschungel."
Lilly und Nikolas hatten aufmerksam zugehört. Das klang nach einer guten Idee für den nächsten Hinweis – und vor allem nach einem sehr coolen Ausflug.
Nach dem Essen erkundeten sie noch die *Internationalen Gartenkabinette*, die sie nach Australien, in den Libanon, nach Thailand und Südafrika entführten, bevor sie mit der Seilbahn zurückfuhren. Diesmal stiegen sie auf dem Kienberg aus, und Opa spendierte den Kindern jeweils drei Fahrten auf der *Natur-Bobbahn Berlin*. Diese war schneller als jede Sommerrodelbahn, die Lilly und Nikolas bisher erlebt hatten.
„Hier müssen wir unbedingt öfter herkommen!", beschloss Lilly, als die Seilbahn sie schließlich zurück ins Tal brachte.
„Ihr könnt euch ja vom Weihnachtsmann eine Jahreskarte wünschen", schlug Oma lachend vor.
Den restlichen Nachmittag verbrachten sie gemütlich bei Oma und Opa auf dem Sofa, aßen Kuchen, tranken heiße Schokolade und sahen sich gemeinsam einen Märchenfilm an.

Weil Mama und Papa noch um einen weiteren Tag Auszeit für Haus und Garten baten, fuhren Lilly und Nikolas am Donnerstag mit den Großeltern ins *FEZ*.
Mitten in der Wuhlheide befand sich seit vielen Jahrzehnten ein riesiges Kinder- und Familienfreizeitzentrum. Hier gab es einen Badesee und eine Schwimmhalle, einen Kletterpark und eine Parkeisenbahn, einen Indoorspielplatz und eine Theaterbühne, ein Raumfahrtzentrum und ein Kindermuseum.

Lilly und Nikolas waren schon mit ihren Klassen zu Projektwochen hier gewesen, aber auch an den Wochenenden und in den Ferien mit ihren Eltern oder Freunden zu den unterschiedlichsten Events.

Die Geschwister liebten vor allem die Winterferien, wenn sich das *FEZ* ins „Zauberschloss" verwandelte und sie täglich andere magische Unterrichtsfächer besuchen konnten. Im Sommer dagegen hatten bei „FEZitty" in der „Stadt der Kinder" sie und ihre Freunde das Sagen.

Heute wollten Oma und Opa aber einfach ein bisschen mit ihnen schwimmen gehen, ohne dafür lange fahren zu müssen. Zwar gab es in der *FEZ*-Schwimmhalle keine aufregenden Rutschen, aber dafür ein 3-Meter-Sprungbrett.

Auf dem Hin- und Rückweg kamen sie an der *Alten Försterei* vorbei, dem Heimatstadion des Fußballvereins Eisern Union. Nikolas spielte zwar selbst lieber Handball, aber mit Opa besuchte er einmal im Jahr das Stadion zu einem Fußball-Spiel. „Opa, gehen wir im Frühling wieder zu Union?", fragte Nikolas auf dem Rückweg.

„Aber natürlich!", rief Opa.

Den Nachmittag verbrachten sie mit einem Kinderbuch über Alexander von Humboldt und seinen Reisen auf dem Sofa.

Am Abend wurden Lilly und Nikolas von ihren Eltern abgeholt. Morgen gingen die gemeinsamen Familienferien weiter. Und sie hatten eine Mission!

17.

AUF TROPISCHER ENTDECKUNGSMISSION IN DER BIOSPHÄRE POTSDAM

Als Lilly und Nikolas am Freitagvormittag die *Biosphäre* betraten, wussten sie instinktiv, dass sie hier richtig waren. Sie fühlten sich fast ein bisschen wie Alexander von Humboldt, als sie am Wasserfall vorbei über

verschlungene Dschungelpfade liefen und dabei überall exotische Pflanzen und Tiere entdeckten.

Es gab träge Chamäleons und Leguane, niedliche Äffchen und bunte Schmetterlinge. In Aquarien schwammen farbenfrohe Fische um Korallen herum. Die blauen und gelben Frösche sahen so giftig aus, dass sich ihnen bestimmt kein Feind freiwillig näherte. Auch ein Königspython hatte sein Zuhause in dieser Tropenwelt.

Die Luft war warm und feucht. Das Rauschen von Wasser war überall zu hören – mal leiser, mal lauter –, und in den Bäumen zwitscherten und gurrten Papageien und Sittiche. Zu guter Letzt schwebten sie mit dem Luftschiff über den Dschungel. Und hier, am Steuerrad, entdeckte Lilly endlich den nächsten Hinweis.

Liebe Lilly, lieber Nikolas,
versteht ihr, warum mich die Tropen so fasziniert haben? Ist diese Welt nicht fantastisch? Ihr seid nun fast am Ende eurer Reise angekommen.
Mein älterer Bruder Wilhelm wurde hier in Potsdam geboren. Im Gegensatz zu mir beschäftigte er sich eher mit Sprache, Literatur und Kunst, aber auch mit Politik und Recht. Dabei lag ihm vor allem eine umfassende Bildung am Herzen – und zwar für jedermann. Er gründete in Berlin die Universität, die heute nach uns beiden benannt ist.
Wir waren uns in vielerlei Hinsicht sehr ähnlich und doch so unterschiedlich. Er war ein kluger, edler und gütiger Mann. Zwar reiste er nach Paris und war Gesandter in Rom, doch es zog ihn nie in die Ferne, um neue Welten zu entdecken. Und während ich Paris vorzog, liebten er und seine treue Frau Caroline unsere preußische

Heimat. Und im Gegensatz zu mir, der ich ohne Nachkommen starb, hatten die beiden acht Kinder, sodass es auch heute noch Nachfahren unserer Familie gibt und sich das von Wilhelm gebaute Schloss Tegel, in dessen Park auch ich heute begraben bin, noch immer im Familienbesitz befindet.

Leider starb Wilhelm fast 25 Jahre vor mir. Nach seinem Tod 1835 verbrachte ich fünf Jahre lang die Sommermonate weitgehend im Schloss Charlottenhof im Schlosspark von Sanssouci und reiste kaum noch. Lieber kümmerte ich mich um die Verschriftlichung meiner Abenteuer und unterstützte Nachwuchsforscher bei ihren eigenen Vorhaben. Vielleicht seid ihr beide ja auch solche Nachwuchsforscher?

Das Schloss Charlottenhof war der Sommersitz des Kronprinzen Friedrich Wilhelm von Preußen. Ich war bis zu seiner Thronbesteigung 1840 sein Kammerherr und Vorleser. Er hatte das „Zeltzimmer“ für mich eingerichtet, wo ich viele Abende und Nächte damit verbrachte, an meinem fünfbändigen Hauptwerk „Kosmos“ über den aktuellen Stand der wissenschaftlichen Welterforschung zu arbeiten.

Dort werdet ihr den letzten Hinweis finden.

Alexander

Atemlos hatte Nikolas den Brief vorgelesen. Noch ein letzter Ausflug, und sie würden hoffentlich endlich wissen, was und wer hinter dieser ungewöhnlichen Ferienmission steckte. „Auf nach *Sanssouci*!“, rief Lilly.

„Na gut, das duldet wohl keinen Aufschub“, sagte Mama. „Dann heben wir uns den tollen *Volkspark* hier nebenan für den nächsten Potsdam-Besuch auf.“

18.

„FALSCHE" CHINESEN UND EIN RÄTSELHAFTES KOMMA IN SANSSOUCI

Es dauerte gar nicht lange, und schon hielten sie auf dem Parkplatz neben einem rot-weißen Gebäude, dessen Dach unzählige Figuren aus Stein schmückten.

„Ist das das *Schloss Charlottenhof*?", fragte Lilly ungeduldig.

„Nein, das ist das *Neue Palais*", erwiderte Mama.

Lilly wollte gerade einen Flunsch ziehen, als Papa sagte: „Auch dieses Schloss gehört zum *Park Sanssouci*. Du wirst sehen, bis *Charlottenhof* müssen wir gar nicht mehr allzu weit laufen."

„Und auf dem Rückweg zeige ich euch hier noch etwas, das ihr in unserer Gegend so sicher nicht erwartet hättet", versprach Mama geheimnisvoll.

„In Ordnung", antwortete Nikolas großzügig, „aber jetzt müssen wir unbedingt Alexander von Humboldts Rätsel lösen. Kommt mal mit, ich habe schon auf den Plan geguckt und weiß, wo es langgeht."

Damit waren alle einverstanden und verließen sich, damit es möglichst schnell ging, auf Nikolas und seinen Orientierungssinn. Ein gutes Stück hinter dem *Neuen Palais* gingen sie nicht weiter die Hauptallee entlang, sondern bogen nach rechts ab, wie er es auf dem Parkplan gesehen hatte. Doch am Ende dieses Weges standen sie nicht etwa vor einem kleineren Schloss, sondern vor einem kleinen, grünlichen Gebäude.

„Och nö!", maulte Nikolas, der ahnte, dass sie sich in dem großen Park mit den vielen alten Bäumen wohl etwas verlaufen hatten. „Hier finden wir die Lösung für unser Rätsel ganz bestimmt nicht!"

„Wer hat uns denn hierhergeführt?", fragte nun Lilly. Nikolas zog es vor, sich mit weiteren Bemerkungen zurückzuhalten.
„Keine Panik", tröstete Papa die beiden. „Es ist doch erst früher Nachmittag, und wir schaffen es heute auf jeden Fall noch zum *Schloss Charlottenhof*. Bis dahin sehen wir hier im Park sicher noch einige interessante Dinge, und Mama kann bestimmt etwas darüber erzählen."
Mama nickte eifrig, denn auch sie wollte nicht, dass die Stimmung in den Keller ging, und sagte aufmunternd: „Schaut mal, das hier ist das *Chinesische Haus*!"
„Das ist ja richtig rund!", staunte Lilly.
„Und über und über mit goldenen Figuren geschmückt", stellte Nikolas fest. Gemeinsam mit seiner Schwester umrundete er den Bau, der auch *Chinesisches Teehaus* genannt wird.
„Diese Figuren hier sind ja toll", sagte Lilly.
„Ganz aus Gold sind sie nicht", erwiderte Mama, „aber du hast recht, sie machen das Chinesische Haus zu etwas ganz Besonderem."
„Ja, und sie sind alle verschieden, die dort trinken Tee und die da drüben musizieren."
„Ich weiß nicht", warf nun Nikolas ein, der gerade von seiner zweiten Runde um das Haus zurückgekehrt war, „irgendetwas kommt mir seltsam vor. Ich kann nur nicht sagen, was."
Mama schmunzelte und sagte: „Dann sieh sie dir doch noch einmal ganz genau an."
Nikolas trat näher an die Skulpturen heran und ging langsam von einer zur anderen. „Ich hab's!", rief er plötzlich aus. „Die Gesichter passen nicht. Sie sehen gar nicht asiatisch aus!"
„Gut beobachtet!", lobte ihn nun auch Papa.
„Wie kommt denn das?", wollte Lilly wissen.

„Als dieser Park und die ersten Gebäude darin gebaut wurden – das ist jetzt ungefähr 250 Jahre her – war gerade alles Exotische sehr modern. Deshalb wollte auch Friedrich der Große, so hieß der König, dem wir *Sanssouci* zu verdanken haben, etwas Chinesisches in seinem Lieblingspark haben. Die Figuren, die ihr hier seht, bestehen aus Sandstein und wurden vergoldet. Auch wenn es damals schon Handel mit China gab, ist das natürlich mit heute überhaupt nicht zu vergleichen. Friedrich beauftragte also zwei einheimische Bildhauer aus Bamberg, die Skulpturen anzufertigen, und weil ihnen dafür Menschen aus unserer Gegend Modell standen, konnten die Gesichtszüge natürlich nicht sehr asiatisch werden."

„Das ist ja Schummelei!", beschwerte sich Lilly.

„So könnte man es nennen", meinte Mama.

Nikolas überlegte für sich, dass ihm das Teehäuschen vielleicht weniger in Erinnerung bleiben würde, wenn es von ganz normalen chinesischen Figuren umgeben gewesen wäre.

Nachdem sie einige Zeit weiter durch den Garten gegangen waren, trafen sie wieder auf die Hauptallee, die am *Neuen Palais* angefangen hatte.

„Sind wir jetzt schon wieder am Parkplatz?", fragte Lilly, denn sie hoffte, nun endlich das *Schloss Charlottenhof* zu finden.

„Aber nein", antwortete Papa. „Wie können doch diesen Park nicht verlassen, ohne sein wichtigstes Bauwerk wenigstens von außen gesehen zu haben."

„Ach, war das nicht das Schloss, das wir gleich beim Parkplatz gesehen haben?" Nun wurde Nikolas hellhörig, obwohl auch er eigentlich lieber gleich wieder das *Schloss Charlottenhof* gesucht hätte.

„Nein", sagte Mama, und in diesem Moment eröffnete sich vor ihnen ein Blick, wie ihn die Kinder nicht erwartet hatten: Hinter einem großen, ebenfalls von Skulpturen umstandenen Springbrunnen, erhob sich ein Berg, auf dem breit ausladend ein Schloss stand. Dieser Anblick schaffte es, Lilly und Nikolas zumindest für diesen Moment dafür zu entschädigen, dass sie der Lösung ihres Rätsels noch immer nicht auf die Spur gekommen waren. Das Schloss war gelb und hatte eine kleine grüne Kuppel, die ein wenig der des *Chinesischen Hauses* ähnelte.

„Das ist *Schloss Sanssouci*“, erklärte Papa, „das Schloss, das sich Friedrich der Große ganz nach seinen Vorstellungen bauen ließ. Die Skizzen dafür hat er sogar selbst angefertigt.“

„Was heißt eigentlich ‚Sanssouci‘?“, wollte Lilly wissen.

„Das ist französisch und bedeutet ‚Ohne Sorge‘“, antwortete Mama.

„Das war es, was sich der preußische König Friedrich II., der auch ‚Friedrich der Große' genannt wird, für sich und auch für sein Volk wünschte. Manchmal hört man auch den Spitznamen ‚der Alte Fritz'. Das klingt zwar zunächst etwas weniger respektvoll, aber wenn man bedenkt, dass er 46 Jahre lang und damit so lange wie kein anderer preußischer König regiert hat, schwingt wohl auch in diesem Namen etwas Anerkennung mit."

„Können wir bis zum Schloss hochlaufen?", fragte Nikolas, denn er wollte sich das Gebäude zu gern genauer ansehen.

„Ja, aber hineingehen können wir heute wohl nicht. Ich fürchte, dafür hätten wir schon vorher Eintrittskarten kaufen müssen", meinte Papa.

„Das macht nichts", sagte Lilly. „Wir können ja bestimmt irgendwann mal wieder hierherkommen."

Doch auch ohne das Schloss von innen gesehen zu haben, nahmen sie bleibende Eindrücke mit nach Hause, denn allein schon der Blick von der Schlossterrasse über den Park und hinunter zum Springbrunnen war überwältigend. Als Nikolas sich wieder zum Schloss umdrehte, bemerkte er die Inschrift an der Fassade „Sans, Souci." „Da steht es ja", sagte er. „Aber warum sind das denn zwei Wörter mit einem Komma dazwischen?"

„Die Frage, warum an dieser Stelle ein Komma steht, beschäftigt die Historiker schon sehr lange", antwortete Mama, „und es gibt die verschiedensten Theorien, aber eine eindeutige Antwort hat, soweit ich weiß, noch niemand gefunden."

„So gibt uns der Alte Fritz bis heute Rätsel auf", sagte Papa schmunzelnd.

In diesem Moment kam Lilly von einem kleinen Erkundungsgang zurück und rief: „Ich habe schon das nächste Rätsel gefunden!"

„Ach ja, was denn für eins?", wollte Mama wissen.

„Da drüben ist ein Grabstein. Darauf steht ‚Friedrich der Große'. Das ist doch sein Grab, oder?"

„Inzwischen ja", sagte Papa. „Eigentlich wollte Friedrich immer hier, an seinem Sommerschloss, begraben sein, aber sein Nachfolger hatte andere Pläne, und so kam der Preußenkönig erst 205 Jahre, nachdem er gestorben war, in das Grab, das er selbst dafür vorgesehen hatte. Zusammen mit seinen Hunden übrigens. Er liebte diese Windhunde so sehr, dass er schon zu Lebzeiten verfügt hat, dass er mit ihnen begraben werden wollte."

„Na, also", nahm Lilly ihren Faden wieder auf. „Auf Gräbern stehen doch eigentlich Blumen. Zumindest habe ich es auf Friedhöfen immer so gesehen. Hier liegen aber Kartoffeln auf dem Grab. Wenn das nicht merkwürdig ist, weiß ich auch nicht."

„Das kann ich dir erklären", antwortete Papa. „Dieser Brauch geht auf die sogenannten ‚Kartoffelbefehle' Friedrichs des Großen zurück. Zwar hat er, anders, als viele meinen, in Preußen nicht die Kartoffel eingeführt oder selbst besonders viele Kartoffeln gegessen, aber er hat mit diesen Befehlen versucht, den Anbau von Kartoffeln in bestimmten Regionen zu fördern, um Hungersnöte zu verhindern. Weil im Volk der Name dieses Königs nun so stark mit der Kartoffel verbunden ist, legen ihm immer wieder Menschen diese Knollen zum Andenken auf sein Grab."

Inzwischen war Familie Sonnenschein von dem Weinberg, auf dem *Schloss Sanssouci* stand, wieder zur Hauptallee zurückgekehrt, um in Richtung des *Neuen Palais* zu laufen und nun auf jeden Fall die richtige Abzweigung zu nehmen.

19.

DES RÄTSELS LÖSUNG IN CHARLOTTENHOF

Kurze Zeit später standen sie vor einem Gebäude, das von einem Garten umgeben war, dessen Rasenflächen streng geometrisch geordnet waren: *Schloss Charlottenhof*!

„Dieses Gelände wurde von dem Baumeister Karl Friedrich Schinkel und dem Gartenbaumeister Peter Joseph Lenné im Stil des Klassizismus angelegt. Sie orientierten sich dabei an Vorbildern der Antike, also aus dem Alten Griechenland und dem Alten Rom“, erklärte Mama.

Da unterbrach Lilly sie: „Och, Mama, das ist ja alles ganz interessant – aber bitte nicht jetzt! Nun sind wir schon so lange Alexander von Humboldts Rätsel auf der Spur, und endlich haben wir den Ort gefunden, wo die Lösung warten soll. Also lass uns doch bitte ganz schnell reingehen!“

Alexandra Sonnenschein hatte ein Einsehen. So gern sie den Kindern noch mehr erzählt hätte, war ihr klar, dass das der falsche Zeitpunkt dafür war. „Na, dann lauft schon einmal vor und stellt euch nach Eintrittskarten an.“

Während die Eltern kurz einen bewundernden Blick auf den schönen Park warfen, kam Lilly schon wieder zurück: „Haben ... wir ... aber ... ein ... Glück!“, keuchte sie. „Stellt euch mal vor, das Schloss ist von November bis April geschlossen. Wären wir nur eine Woche später gekommen, wäre alles dicht gewesen!“

„Na, dann aber schnell!“, meinte Papa lachend. „Nicht, dass sie uns noch die Tür vor der Nase zumachen!“ Als sie bei Nikolas ankamen, stand nur noch ein junges Pärchen vor ihm, und bald darauf hielten Lilly und Nikolas die Eintrittskarten wie Trophäen in den Händen.

„Nun kommt schon!", drängelte Lilly wieder.
„Weißt du denn, wo wir die Auflösung finden können?", fragte Mama. „Schau mal, hier gibt es zehn Räume, und fast alle sind noch so erhalten geblieben, wie sie einmal waren. Wo sollen wir denn anfangen zu suchen?"
„Das ist doch ganz einfach!", platzten nun Lilly und Nikolas wie aus einem Mund heraus. Ihre Eltern sahen sie verblüfft an, und ehe sie es sich versahen, hatte sich Lilly schon dem Museumswärter zugewandt, der ganz

in ihrer Nähe stand. „Entschuldigung, können Sie mir bitte sagen, wie wir zum *Zeltzimmer* kommen?"
Nun war auch Mama und Papa alles klar, und sie folgten ihren Kindern den Gang entlang, den der nette ältere Herr von der Stiftung Preußische Schlösser und Gärten Berlin-Brandenburg ihnen zeigte. „Das *Zeltzimmer* soll an römische Feldherrenzelte erinnern. Es war das Gästeschlafzimmer hier im Schloss. Wenn Sie weiß-blau gestreifte Wände und Vorhänge sehen, sind sie im richtigen Raum."
Familie Sonnenschein bedankte sich.
„Und nun?", fragte Nikolas, als sie in dem Zimmer standen, dessen Decken so mit Stoff abgehängt waren, dass man sich wirklich wie in einem Zelt fühlte. „Wo sollen wir denn hier den letzten Brief finden? Es gibt ja keinen Schreibtisch oder Schrank, wo er versteckt sein könnte."
Manchmal musste sich Lilly wirklich über ihren Bruder wundern. „Denk doch mal nach!", forderte sie ihn auf und knuffte ihn schelmisch in den Arm. „Im letzten Brief stand, dass Alexander von Humboldt hier viele Abende und Nächte verbracht hat. Hätte er das so betont, wenn er uns damit nicht einen Hinweis geben wollte? Schließlich war er sicher auch tagsüber manchmal hier."
Unter den verblüfften Blicken der restlichen Familie ging sie zuerst in die Knie und legte sich dann bäuchlings auf den Boden zwischen die beiden Betten.
„Lilly!", ermahnte Mama sie, doch das wurde schon vom Jubel ihrer Tochter übertönt.
„Hurra, ich habe ihn gefunden!" Triumphierend zog Lilly eine Kiste unter einem der Betten hervor. Auf ihrem Deckel klebte einer der Briefe, die sie inzwischen so gut kannten, und Lilly las vor, was darauf geschrieben stand.

Liebe Lilly, lieber Nikolas,
herzlichen Glückwunsch! Ihr habt euch als würdig erwiesen, mein Geheimnis weiterzutragen.
Viele Jahre lang habe ich die Welt bereist, die schönsten Dinge gesehen und auch besessen. Doch am Ende habe ich herausgefunden, dass es nur einen wirklichen Schatz gibt: meine Erinnerungen – Erinnerungen an die Dinge, die ich gesehen und erlebt habe, Erinnerungen an die Menschen, mit denen ich zusammen war.
Ich bin mir sicher, dass auch ihr in den vergangenen Tagen viel Unvergessliches erlebt habt. Bewahrt diese Erinnerungen in euren Herzen. Für immer. Damit euch das in Zukunft noch besser gelingt, findet ihr in dieser Kiste Tagebücher, um eure schönsten Momente und wichtigsten Forschungsergebnisse festzuhalten.
Der zweite wichtige Schatz, den ich gefunden habe, ist die fantastische Natur dieser Erde. Sie ist unersetzlich. Bewahrt diesen Schatz gut, damit auch eure Kinder und Kindeskinder sich noch an den Wundern dieser Welt erfreuen können!

Eurer Alexander von Humboldt

Obenauf in der Kiste, über den versprochenen Tagebüchern, befand sich ein weiterer Zettel, allerdings diesmal auf einem einfachen weißen Blatt Papier und mit dem Computer geschrieben.

Liebe Lilly, lieber Nikolas,

herzlichen Glückwunsch, ihr habt alle Hinweise richtig entschlüsselt und seid am Ziel angelangt. Damit habt ihr euch als

würdig erwiesen, dem „Alexander von Humboldt-Forscherclub" beizutreten.
Wir sind eine Gemeinschaft junger Entdecker, die sich für Geografie und die Naturwissenschaften interessieren. Wir nehmen nur ausgewählte Kandidaten auf. Mit der Reise, die ihr in den vergangenen beiden Wochen unternommen habt, habt ihr bewiesen, dass ihr gut zu uns passen würdet.
Wir freuen uns sehr, wenn ihr euch uns anschließen wollt. Wir treffen uns alle drei Monate an wechselnden Orten in Berlin und Brandenburg, um gemeinsam zu experimentieren und Neues zu entdecken. Dabei vergeben wir jeweils aktuelle Forscheraufträge, die ihr in den darauffolgenden Monaten allein bearbeiten könnt. Bei unseren Zusammenkünften tauschen wir uns dann über unsere Ergebnisse aus.
Unser nächstes Treffen findet am kommenden Samstag in der Metropolis-Halle neben dem Filmpark Babelsberg statt. Es wäre uns eine Ehre, euch um 14 Uhr begrüßen zu dürfen. Zahlreiche spannende Vorträge und Experimentierstationen erwarten euch.

Liebe Grüße
Max vom Vorstand des Alexander-von-Humboldt-Forscherclubs

PS: Eure Eltern sind natürlich auch willkommen. Vielen Dank bei dieser Gelegenheit an euren Vater, der uns dabei geholfen hat, euch auf eure Reise zu schicken.

20.

VON SCHÄTZEN UND MEERESGROTTEN

Einen Moment lang schwiegen Lilly und Nikolas. Sie überlegten, ob sie enttäuscht sein sollten, weil es kein echter Schatz war. Aber sie wussten, dass es dafür keinen Grund gab.

„Es stimmt schon, die Erinnerungen an all die schönen Dinge, die wir mit Mama und Papa oder Oma und Opa erlebt haben, würde ich nicht gegen eine Kiste voll Gold eintauschen“, sagte Nikolas nachdenklich.

„Ich auch nicht“, erklärte Lilly mit fester Stimme. „Und wie cool ist das denn, dass uns der Alexander-von-Humboldt-Forscherclub als Mitglieder aufnehmen möchte?!“

„Na ja, wenn man all unsere Reisen zusammenzählt, waren wir fast so viel unterwegs wie Alexander von Humboldt, nur eben in Deutschland statt in Amerika und Asien“, sagte Nikolas.

„Das kann ja noch kommen“, sagte Lilly lachend.

„Und jetzt raus mit der Sprache, Papa! Woher kennst du den Forscherclub?“, wollte Nikolas wissen.

„Von der Arbeit“, sagte Papa grinsend. „Ich hab vor Kurzem eine Reportage über diese jungen Forscher gemacht, und dachte mir sofort, dass es was für euch wäre. Aber als ich gefragt habe, wie ich euch anmelden kann, haben sie nur gesagt, dass sie mir einen Brief schicken würden. Den sollte ich irgendwo verstecken, wo ihr ihn findet, und Max Bescheid geben, wenn ihr ihn gefunden habt. Alles Weitere müsstet ihr dann selbst herausfinden, um euch als würdig zu erweisen. Also habe ich, als Oma und Opa in Italien waren, den Brief auf ihrem Dachboden versteckt. Und ihr habt ihn erstaunlich schnell gefunden. Mehr wusste ich tatsächlich auch nicht. Ich schwöre es!"

„Und mir hast du auch nichts gesagt", rief Mama empört.

„Nein, selbst Oma und Opa wussten nur, dass sie nicht die Polizei rufen müssen, wenn ein Brief von einem fremden Weltreisenden auf ihrem Dachboden auftaucht. Die müssen wir nachher auch erstmal anrufen und die Sache aufklären", sagte Papa mit einem Funkeln in den Augen. „Übrigens trifft sich das mit Babelsberg gut, da wollte ich schon immer mit euch hin."

„Warum?", fragte Lilly.

„Erinnert ihr euch an den Film ‚Die unendliche Geschichte'? Der ist in den Filmstudios in Babelsberg entstanden. Ebenso wie ‚Das Sandmännchen im Traumland' oder die Fernsehserie ‚Gute Zeiten, schlechte Zeiten'. Und auch ein paar spannende Filme, die Mama und ich in letzter Zeit gesehen haben, wie ‚The International' oder ‚Monuments Men'. Im *Filmpark Babelsberg* kann man coole Kulissen sehen und mehr übers Filmemachen erfahren."

Mama sah Papa überrascht an. „Interessant", sagte sie. „Na dann schauen wir uns das doch nächsten Samstag an, bevor wir zum Forschertreffen gehen."

„Mama, was wolltest du uns denn hier noch zeigen?", fragte Lilly, als sie wieder im Park standen.

Mama sah sie nachdenklich an: „Habt ihr wirklich noch Lust auf ein weiteres Schloss?"

Nikolas überlegte kurz, doch Lilly war sich sicher, dass sie etwas verpassen würden, wenn sie jetzt Nein sagten. Also versicherte sie vorsichtshalber, dass sie noch kein bisschen müde wären, und hoffte insgeheim, dass sich die Anstrengung auch wirklich lohnen würde.

Die Eltern kauften Eintrittskarten, und Lilly und Nikolas zogen sich die

großen grauen Filzpantoffeln an, mit denen sie so gern auf Schlossböden herumrutschten. Über eine Treppe gelangten sie in die Wohnung des letzten deutschen Kaisers, die sogar schon ein Badezimmer hatte.
Der Festsaal, der sich über zwei Etagen erstreckte, war einfach riesig. „Wie groß der wohl ist?“, überlegte Nikolas laut.
„Du wirst es nicht glauben“, antwortete Papa. „Dieser Marmorsaal ist ungefähr so groß wie das Grundstück, auf dem unser Haus steht.“
Sollte es wirklich das gewesen sein, was sie den Kindern hatte zeigen wollen, überlegte auch Lilly.
Doch in diesem Moment sagte Mama: „So, und jetzt kommt meine kleine Überraschung für euch.“
Die Geschwister horchten auf. „Dieses Schloss war das letzte, das Friedrich noch selbst hat erbauen lassen. Er hat hier zwar nie gewohnt, aber es war für Gäste vorgesehen, und denen wollte er etwas Besonderes bieten. Deshalb ließ er hier den *Grottensaal* einbauen, der auch ‚Muschelsaal‘ genannt wird.“ Sie hatte den Satz gerade ausgesprochen, als sich eine Tür öffnete, sodass die Familie eintreten konnte.
„Oh, ist das aber schön, und dabei sind wir hier gar nicht am Meer!“
Alle Wände des Saales waren prachtvoll mit Muscheln und glänzenden Steinen verziert, aber nicht nur das: In vielen der Nischen bildeten diese Materialien märchenhafte Geschöpfe – Drachen, Schlangen und Fische.
„Hier kommt man sich ja vor wie im Reich eines Meereskönigs!“, sagte Lilly verträumt.
„Da hast du völlig recht“, freute sich Mama. „Genauso sollte dieser Saal auch wirken. Zu Friedrichs Zeit war es modern, Elemente aus der Natur an Gebäuden nachzubilden: Pflanzen, Tiere, Blumen, Früchte und eben auch die Welt unter Wasser. Dieser *Grottensaal* ist eines der schönsten Beispiele dafür. Auch nach Friedrichs Tod hat man ihn noch weiter gestaltet, mit

Mineralien, Fossilien und Halbedelsteinen."

Als er „Mineralien" hörte, begann Nikolas, an allen Wänden des Saals entlangzulaufen. Er suchte nach Quarzen und Achaten, die er von früheren Reisen kannte.

„Bloß gut, dass wir nicht gesagt haben, dass wir zu müde sind", flüsterte Lilly ihrem Bruder zu, während Mama im Museumsshop noch das Buch „Park Sanssouci für Kinder" und einen Comic über das Leben Friedrichs des Großen erstand.

Nikolas stimmte ihr zu: „Das hätte ich wirklich nicht verpassen wollen!"

„Na, dann bin ich ja beruhigt", freute sich Mama. „Und für den Abschluss des heutigen Tages schlage ich vor, dass wir noch ein bisschen durch Potsdam fahren und anschließend im Stadtzentrum noch etwas zum Abendbrot essen."

Damit waren alle einverstanden, und Papa stellte fest: „Nach diesem Tag haben wir uns das Abendessen auch redlich verdient." Er startete den Motor und fuhr zunächst in der dem Stadtzentrum entgegengesetzten Richtung los.

„Nanu", sagte Lilly kurz darauf, als sie aus dem Fenster sah. „Was sind denn das für seltsame Holzhäuser? Sollen die auch wirken wie im Märchen?"

„Nicht ganz", antwortete Mama. „Das sind Häuser, die vor etwas mehr als 200 Jahren für russische Soldaten gebaut wurden, die mit dem damaligen preußischen König gegen Napoleon gekämpft hatten und dann hier in Potsdam geblieben waren. Diese Kolonie heißt *Alexandrowka*, nach dem russischen Zaren Alexander I., und eine echte russische Kirche gibt es hier auch."

„Lustig, schon wieder ein Alexander", sagte Lilly.

„Stimmt, nach dem Zaren ist übrigens auch der Alexanderplatz in Berlin benannt", fiel Mama ein.

„Jedenfalls ist Potsdam auch richtig international", stellte Nikolas fest.

„Du ahnst gar nicht, wie recht du hast", erwiderte Papa, und nachdem sie wieder einige Minuten gefahren waren, forderte er die Kinder auf, aus dem Fenster zu sehen.

„Das ist das Holländische Viertel", erklärte Mama und zeigte auf viele kleine Backsteinhäuser. „Der Vater von Friedrich dem Großen hatte eine große Vorliebe für die Niederlande und ließ deshalb diese 134 Häuser hier erbauen. Eigentlich wollte er damit niederländische Handwerker ins Land locken, aber weil nicht genug von ihnen kamen, zogen auch Künstler, Soldaten und Handelsvertreter ein."

„Dann fehlt uns ja nun nur noch ein italienisches Restaurant!" Lilly lachte

und freute sich schon so richtig aufs Abendessen.
„Das trifft sich gut“, meinte Papa. „Ich kenne ein hübsches Lokal nicht weit vom *Brandenburger Tor*.“
„Papa, jetzt irrst du dich aber“, widersprach Nikolas. „Das *Brandenburger Tor* ist doch in Berlin. So weit wollen wir für eine Pizza oder Nudeln bestimmt nicht fahren, oder?“
„Das müssen wir auch nicht.“ Papa zwinkerte Nikolas durch den Rückspiegel zu. „Ein *Brandenburger Tor* gibt es auch mitten im Zentrum von Potsdam. Es ist zwar kleiner als das in Berlin, dafür aber zwanzig Jahre älter. Die Stadttore wurden häufig nach dem Ort benannt, zu dem die Straße führte, die durch das Tor verlief. Da Brandenburg sowohl von Berlin als auch von Potsdam aus zu erreichen ist, haben beide Städte ihr *Brandenburger Tor*.“
„Schaut mal, was ist denn das für ein Plakat?“, rief Lilly plötzlich. „Da steht so ein komisches Wort drauf: Extavium ...“ Nikolas hatte schon wieder sein Handy gezückt und meinte, nachdem er gegoogelt hatte: „Na, wenn das nicht etwas für junge Forscher ist. Hier steht: ‚wissenschaftliche Mitmachwelt für Kinder‘. Die müssen wir uns bei unserem nächsten Besuch hier auch unbedingt mal ansehen!“
„Na, dann gehen uns die Ziele hier in Potsdam ja nicht aus“, sagte Mama lächelnd, denn auch sie freute sich schon darauf, bald wieder einmal in die brandenburgische Landeshauptstadt zu kommen.
Inzwischen waren sie im Stadtzentrum angekommen, und nachdem sie einen Blick auf das kleinere *Brandenburger Tor* geworfen hatten, schmeckten ihnen nach diesem ereignisreichen Tag Pizza und Pasta besonders gut.

21.

EIN FILMREIFER AUSFLUG NACH BABELSBERG

Die ganze Woche über konnten Lilly und Nikolas es kaum erwarten, am Samstag wieder nach Potsdam zu fahren, den *Filmpark* zu sehen und den Forscherclub kennenzulernen. Ein Glück, dass die Schule wieder begonnen hatte und sie ablenkte.

Am nächsten Samstag waren sie schon früh morgens unterwegs nach Babelsberg, und noch während der Fahrt sagte Nikolas: „Guckt mal, dort drüben! Ich habe schon unser nächstes Ausflugsziel entdeckt!"

„Au ja", stimmte nun auch Lilly mit ein. „Eine gläserne Bonbonfabrik! Das ist ja toll! Können wir da bitte heute auch noch rein?"

„Ich fürchte, das schaffen wir nicht", meinte Papa. Bevor die Kinder Gelegenheit hatten, enttäuscht zu sein, warf Mama jedoch ein: „Das ist, glaube ich, auch besser so. Schaut mal, da steht, dass samstags nur der Shop auf hat. Wie Bonbons hergestellt werden, kann man sich an den Vormittagen in der Woche ansehen. Ich denke, das heben wir uns für die nächsten Ferien auf."

Damit waren alle einverstanden, und kurz darauf parkte Papa pünktlich um 10 Uhr vor dem *Filmpark*. So hätten sie vier Stunden Zeit, alles zu entdecken.

Ihr Besuch startete direkt spektakulär mit einer Stuntshow. Mutige Frauen und Männer sprangen aus einem brennenden Hubschrauber, rasten in halsbrecherischem Tempo mit Autos und Motorrädern durch Explosionen, lieferten sich wilde Verfolgungsjagden und stürzten von hohen Türmen ins Nichts. Atemlos verfolgten Lilly und Nikolas die Geschichte auf der Bühne.

Währenddessen erfuhren die Besucher viel über die Arbeit der Stuntleute, aber auch über die der Ton- und Pyrotechniker, die für die Explosionen verantwortlich waren. Die Frauen und Männer auf der Bühne hatten schon in vielen Filmen und Serien mitgespielt. „Das war richtig cool!", fand Lilly, und der Rest der Familie konnte nur zustimmen.

Das absolute Kontrastprogramm war anschließend die gemütliche Fahrt im Tigerentenboot durch Janoschs Traumland. Dann begaben sie sich auf Entdeckungstour durch den Park. Vor allem Mama war begeistert, weil sie immer wieder geradezu über Kulissen und -requisiten aus bekannten Filmen stolperten, darunter „Die drei Musketiere", „Die unendliche Geschichte" und „V wie Vendetta".

Am Beispiel von „Sandmännchen im Traumland" erfuhr die Familie, wie ein Animationsfilm in Stoptricktechnik entstand. Lilly und Nikolas bestaunten den riesigen Drachen Fuchur und Meister Yoda, warfen einen Blick in die Werkstätten der Maler, Bildhauer, Maskenbildern und Kostümschneider am Filmset, posierten mit King Kong, Indiana Jones und einem der Orks aus „Herr der Ringe".

Dann spazierten sie durchs Mittelalter, den Wilden Westen und die Gärten des kleinen Muck. Zu guter Letzt durften sie bei einer Medienstadtführung *Lummerland* besuchen. Als Lokomotive Emma schnaufend in den Bahnhof einfuhr, flüsterte Lilly Nikolas zu: „Wir müssen morgen unbedingt nochmal ‚Jim Knopf' gucken und schauen, wie das im Film aussieht."

Nikolas nickte.

Ihre Gästeführerin Karin zeigte ihnen noch einige weitere Kulissen und erzählte interessante Geschichten über die *Babelsberger Filmstudios*, in denen schon seit über 110 Jahren Filme gedreht wurden. Bei den Filmtiteln, die Karin nannte, nickten die Erwachsenen praktisch pausenlos, die Filme waren offenbar sehr bekannt.

Dann führte Karin sie weiter zum Drehort der Fernsehserie „Gute Zeiten, schlechte Zeiten". Der bestand gleich aus drei Straßen. Hier gab es Wohnhäuser und Läden, Restaurants, ein Kino und ein Hotel, Büros und eine Schule. Doch die Gebäude bestanden alle nur aus Spanplatten, Putz und Farbe. Als Karin dagegenklopfte, klang es eindeutig hohl. „Wahnsinn, das sieht so echt aus!", rief Nikolas überrascht. Als sie aber weitergingen, konnten sie deutlich die Holzbalken sehen, die die Fassaden stützten, damit diese nicht umkippten.

Nach einem Mittagssnack im Wilden Westen verließen sie den Filmpark und schlenderten hinüber zur *Metropolis-Halle*. „Bereit für das nächste Abenteuer?", fragte Papa.

„Bereit!", sagten Lilly und Nikolas und gingen durch die Glastür, um den Alexander-von-Humboldt-Forscherclub kennenzulernen.

– Ende –

BERLIN

Brandenburger Tor
Pariser Platz
10117 Berlin
www.berlin.de/orte/sehenswuerdigkeiten/brandenburger-tor

Fernsehturm
Panoramastraße 1A
10178 Berlin
www.tv-turm.de

Buslinie 100
Die Buslinie 100 fährt während des normalen Fahrbetriebes an diversen Sehenswürdigkeiten der Stadt Berlin vorbei. Die Buslinie gilt darum als preiswerte Möglichkeit, eine unkommentierte Stadtrundfahrt zu erleben. Es gelten die Fahrpreise der Berliner Verkehrsbetriebe. Die Haltestellen der Buslinie 100 finden Sie unter
www.bvg.de/images/content/linienverlaeufe/22168LinienverlaufBus100.pdf

Gärten der Welt
Haupteingang Blumberger Damm 44
12685 Berlin
030/700906720
www.gaertenderwelt.de

LEGOLAND Discovery Centre Berlin
Potsdamer Straße 4
10785 Berlin
01806/66690110
www.legolanddiscoverycentre.com/berlin

Little BIG City Berlin
Panoramastr. 1A
10178 Berlin
www.officiallittlebigcity.com/berlin

Haus der Kulturen der Welt („Schwangere Auster“)
John-Foster-Dulles-Allee 10
10557 Berlin
030/39787175
www.hkw.de

Naturkundemuseum Berlin
Invalidenstraße 43
10115 Berlin
030/889140 8591
www.museumfuernaturkunde.berlin

Olympia-Stadion
Olympischer Platz 3
14053 Berlin
030/25002322
www.olympiastadion-berlin.de

Reichstag/Bundestag
Platz der Republik 1
11011 Berlin
030/22732152 oder 030/22735908
www.bundestag.de/kulturundgeschichte/architektur/reichstag

Sea Life und AquaDom
Spandauer Str. 3
10178 Berlin
030/992800
www.visitsealife.com/berlin

Siegessäule
Straße des 17. Juni/Großer Stern
Berlin-Mitte
030/3912961
www.berlin.de/orte/sehenswuerdigkeiten/siegessaeule

Tierpark Berlin
Am Tierpark 125
10319 Berlin
030/515310
www.tierpark-berlin.de/tierpark.html

Zoo und Zoo-Aquarium Berlin
Hardenbergplatz 8
10787 Berlin
030/254010
www.zoo-berlin.de/zoo.html

POTSDAM

Sanssouci
Besucherzentrum an der Historischen Mühle im Park Sanssouci
An der Orangerie 1
14469 Potsdam
0331/9694200
www.spsg.de/startseite

Biosphäre Potsdam GmbH
Georg-Hermann-Allee 99
14469 Potsdam
0331/550740
www.biosphaere-potsdam.de

Extavium
Am Kanal 57
14467 Potsdam
www.extavium.de

Filmpark Babelsberg
Großbeerenstraße 200
14482 Potsdam
Tickethotline: 0331/7212345
Besucherservice: 0331/7212750
www.filmpark-babelsberg.de

Gläserne Bonbonfabrik Potsdam
Wetzlarer Str. 96–106
14482 Potsdam
Telefon: 0331/70 42 40
www.katjes.de/erleben/glaeserne-bonbonfrabrik-potsdam

■ NORD- UND OSTBRANDENBURG

Eldorado Abenteuer GmbH
Am Röddelinsee 1
17268 Templin
03987/20840
www.eldorado-templin.de

Freizeitpark Germendorf
An den Waldseen 1a
16515 Oranienburg OT Germendorf
03301/3363
www.freizeitpark-germendorf.de

Heimattiergarten Fürstenwalde
Dr.-Wilhelm-Külz-Straße 10B
15517 Fürstenwalde
033/614541
www.heimattiergarten-fuerstenwalde.de

Irrlandia – Der Mit-Mach-Park (Mai bis Oktober)
Lebbiner Straße 1
15859 Storkow
030/6410828
www.irrlandia.de

Kleiner Spreewaldpark
Berliner Straße 1 A
15566 Schöneiche bei Berlin
030/64903765
www.schoeneiche-bei-berlin.de/content/rubrik/208.html

Museumspark Rüdersdorf
Heinitzstraße 41
15562 Rüdersdorf bei Berlin
033638/799797
www.museumspark.de
Der Museumspark hat ein breites Angebot an lohnenswerten Führungen, zum Beispiel die „Geologische Führungen“ oder die „Land-Rover-Tour“. Anmeldungen sind erforderlich.

NaturThermeTemplin GmbH
Dargersdorfer Straße 121
17268 Templin
03987/201200
www.naturthermetemplin.de

Panoramarestaurant Carlsburg
Burgstr. 9
16259 Falkenberg
033458/205
www.carlsburg.de

Schiffshebewerk Niederfinow
Hebewerkstraße 52
16248 Niederfinow
Tourist-Information im Krafthaus am Schiffshebewerk
033362/71377
www.schiffshebewerk-niederfinow.info

Wildpark Schorfheide-Chorin
Prenzlauer Straße 16
16244 Schorfheide OT Groß Schönebeck
033393/65855
www.wildpark-schorfheide.de

Zoo Eberswalde
Am Wasserfall 1
16225 Eberswalde
03334/22733
www.zoo.eberswalde.de

Außerdem bei Biber & Butzemann

ABENTEUER AN DER MÜRITZ
BETRETEN VERBOTEN
Lilly, Nikolas und die verbotene Insel
Kerstin Groeper
Biber & Butzemann

SAGENHAFTE FERIEN AUF USEDOM
LILLY, NIKOLAS UND DAS GEHEIMNIS DER VERSUNKENEN STADT
Steffi Bieber-Geske / Kerstin Groeper
Illustrationen von Sabrina Pohle
Biber & Butzemann

ABENTEUER IM SPREEWALD
Steffi Bieber-Geske / Nicole Grom
LILLY, NIKOLAS UND DAS GEHEIMNISVOLLE TAGEBUCH
Mit Illustrationen von Claudia Meinicke
Biber & Butzemann

ABENTEUER RUND UM DRESDEN UND DAS ELBSANDSTEINGEBIRGE
Lilly, Nikolas und die Schätze der Könige
Juliane Jacobsen
Mit Illustrationen von Sabrina Pohle
Biber & Butzemann

ABENTEUER IM ERZGEBIRGE
Lilly und Nikolas im Weihnachtsland
Elisabeth Schieferdecker und Steffi Bieber-Geske
Mit Illustrationen von Sabrina Pohle
Biber & Butzemann

SCHATZSUCHE IN LEIPZIG
Lilly und Nikolas auf der Suche nach dem singenden Saphir
Mareike Seehaus
Sabrina Pohle
Biber & Butzemann

SCHATZSUCHE ZWISCHEN SAALE UND UNSTRUT
Mit Illustrationen von Sabrina Pohle
Jörg F. Nowack
Biber & Butzemann

Steffi Bieber-Geske | Sabrina Pohle
Zauberhafte Ferien im Harz
Lilly, Nikolas und die Hexen
Biber & Butzemann

Daniela Gappa
BIBER PAUL auf Reisen
Harz
Ein Reiseführer für Kinder
Biber & Butzemann

Sandra Lehmann
Matti und Max
Abenteuer auf Kreta
Biber & Butzemann

Sandra Lehmann
Matti und Max
Abenteuer in New York
Biber & Butzemann

Sandra Lehmann
Matti und Max
Abenteuer in Berlin
Biber & Butzemann

Sandra Lehmann
Matti und Max
Abenteuer in Paris
Biber & Butzemann

Abenteuer zwischen Kyffhäuser und Westharz
Jörg F. Nowack
Biber & Butzemann

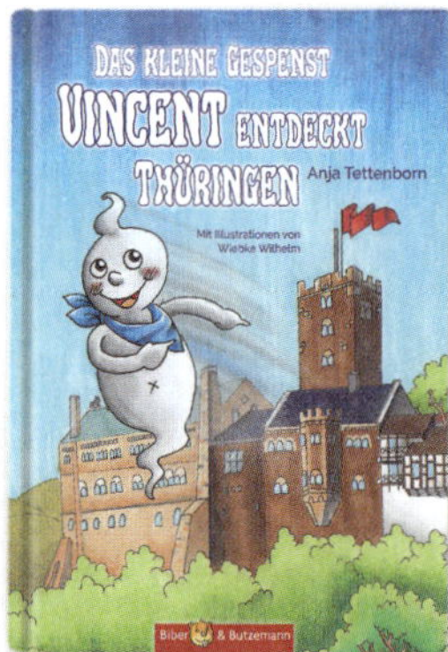
Das kleine Gespenst
Vincent entdeckt Thüringen
Anja Tettenborn
Biber & Butzemann

Anja Tettenborn
Das kleine Gespenst
Vincent entdeckt die Rhön
Biber & Butzemann

Magische Ferien in Thüringen
Lilly, Nikolas und der Zauberer Felix Urlaubius

Das Erbe des Alchemisten
Abenteuer auf der Pfaueninsel
Biber & Butzemann

Kerstin Groeper / Steffi Bieber-Geske
ABENTEUER IN OSTFRIESLAND
LILLY, NIKOLAS UND DIE LIKEDEELER
Biber & Butzemann

ABENTEUER IM OLDENBURGER LAND
LILLY UND NIKOLAS AUF DER SUCHE NACH DEM KLIMASCHATZ
Birgit Hedemann
Biber & Butzemann

ABENTEUER AUF NORDERNEY
MIT JUIST UND LANGEOOG
Lilly, Nikolas und die Flaschenpost
Monika Wolf
Illustrationen von Sabrina Pohle
Biber & Butzemann

Luisa Hartmann
Ziemlich beste Ferien
ABENTEUER AUF SPIEKEROOG
Illustrationen von Sabrina Pohle
Biber & Butzemann

Luisa Hartmann
Ziemlich beste Ferien 2
ABENTEUER AUF LANGEOOG
Illustrationen von Sabrina Pohle
Biber & Butzemann

GEHEIMNIS IM KNIEPSAND
LILLY UND NIKOLAS AUF AMRUM
Andrea Nesseldreher
Biber & Butzemann

ABENTEUER AUF SYLT
Lilly, Nikolas und die Leuchtturm-Detektive
Kerstin Groeper
Biber & Butzemann

Nicole Grom
DAS GEHEIMNIS VON RUNGHOLT
Lilly und Nikolas in Eiderstedt
Mit Dithmarschen, Hooge und Pellworm
Biber & Butzemann

Nicole Grom / Steffi Bieber-Geske
ABENTEUER IM LAND DER WIKINGER
LILLY UND NIKOLAS UNTERWEGS ZWISCHEN SCHLESWIG, KIEL UND FLENSBURG
Mit Illustrationen von Sabrina Pohle
Biber & Butzemann

Die Autorinnen

Steffi Bieber-Geske, Jahrgang 1978, schreibt seit ihrem 16. Lebensjahr – zunächst für Tageszeitungen, später für verschiedene Unternehmen und Organisationen. Die Journalistin studierte Publizistik, Psychologie und Neuere Deutsche Literatur – mit dem Schwerpunkt Kinderbücher und Märchen – an der Freien Universität und der Humboldt-Universität Berlin. Heute lebt die Mutter von zwei Söhnen mit ihrer Familie am Stadtrand von Berlin und schreibt erfolgreich Kinderbücher.
Außerdem ist sie die Vorsitzende des Vereins Bücherzauber e. V., der die Berliner Buchmesse BUCHBERLIN und das Kinderbuchfestival BUCHBERLINkids organisiert.
www.buch-berlin.de

Die Illustratorin

Sabrina Pohle, Jahrgang 1984, entdeckte in ihrer frühen Jugend ihr Interesse am Zeichnen, aus dem sich über die Jahre eine Leidenschaft für Illustration und sequenzielle Kunst entwickelte. Sie experimentierte zunächst viel mit traditionellen Maltechniken und Materialien wie Aquarell, Kohle und Pastellkreiden. Seit einiger Zeit nutzt die Mutter eines Sohnes auch digitale Medien, um ihre Werke zu erstellen. Die studierte Japanologin arbeitet als freiberufliche Illustratorin in Hamburg und hat bereits zahlreiche Kinderbücher illustriert.
www.splinteredshard.com

ALLIED CHECKPOINT
US ARMY CHECKPOINT